Insider–Tipps

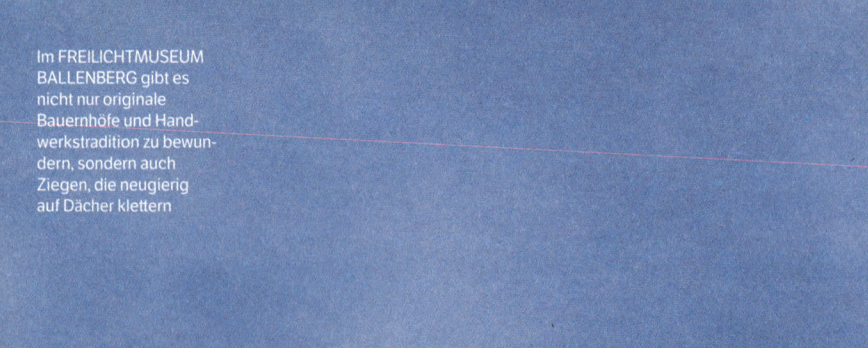

Im FREILICHTMUSEUM
BALLENBERG gibt es
nicht nur originale
Bauernhöfe und Hand-
werkstradition zu bewun-
dern, sondern auch
Ziegen, die neugierig
auf Dächer klettern

DEN ZAUBER
GENIESSEN

Robert Pölzer,
Chefredakteur
BUNTE

Denkt der deutsche Tourist an sein Nachbarland Schweiz, dann denkt mancher mit Schrecken an das strenge Tempolimit, das dort herrscht. An die hohen Geldstrafen und an die schweren Konsequenzen, wenn man nicht rechtzeitig zahlt. Doch wenn er ein wenig weiterdenkt, dann müsste er dankbar sein für diese Maßnahme. Dieses Tempolimit dient nicht nur der Verkehrssicherheit, nicht nur dem Disziplinieren jener Raser, die die Schweiz nur als Durchreiseland für den Urlaub in Italien, Frankreich oder Spanien sehen. Das Tempolimit soll uns die Gelegenheit und die Muße geben, die Schönheiten dieses Landes zu erkennen. Nicht einfach achtlos an dem vorbeirasen, was sich hier an Zauberhaftem und Faszinierendem verbirgt.

Wir, die BUNTE-Redaktion, haben diese Entdeckungsreise bereits für Sie gemacht. Und glauben Sie uns, wir haben vieles kennengelernt, was wir in der Schweiz nicht gleich erwartet hätten. Vieles jenseits der Klischees von Käse, Kühen, Berggipfeln und Heidi. Die Schweiz ist ein innovatives wie traditionelles Land. Ein Land voller Überraschungen. Ein Land voller Gastlichkeit. In diesem Szene-Guide „Top 100 Insider-Tipps Schweiz" haben wir die hundert interessantesten Ziele für Sie aufgeschrieben. Hundert gute Gründe, warum es sich lohnt, in die Schweiz zu reisen. Restaurants von Weltrang, Hotels von beispielhafter Qualität, atemberaubende Naturerlebnisse, glitzernde Hot Spots der Society, Oasen der Ruhe und Erholung, turbulente Party-Plätze, inspirierende Kulturstätten genauso wie Orte, an denen man im Luxus schwelgen kann.

Die Schweiz ist auch ein Land der Superlative. Europas höchstgelegener Bahnhof liegt am Jungfraujoch auf 3454 Metern Höhe. Die längste Treppe der Welt finden wir mit 11 674 Stufen bei Bern. Sie führt auf den Gipfel des Niesen. Über 180 000 Tonnen Schokolade werden hier pro Jahr produziert. Und ihr eigener Wein schmeckt den Schweizern so gut, dass sie davon nur ein Prozent exportieren. Und noch etwas: Fast ein Viertel der rund acht Millionen Schweizer Einwohner haben keinen Schweizer Pass. Auch ein Zeichen, wie herzlich man hier willkommen ist.

Also, worauf noch warten? Gehen Sie vom Gas! Lassen Sie die Seele baumeln, und genießen Sie den Zauber dieses einzigartigen Landes. Jeder Augenblick ist ein Geschenk.

BUNTE
TOP 100
Insider-Tipps
SCHWEIZ

Das **BUNTE TOP 100 Siegel** wird exklusiv von der Redaktion BUNTE vergeben. Alle in diesem Buch vorgestellten Insider-Tipps sind qualifiziert, das BUNTE-Siegel zu tragen. Das Siegel ist für jeden Lieblingsort eine ganz besondere Auszeichnung und für Kunden, Gäste und Besucher ein wertvoller Service, sich in der Vielzahl von Angeboten zurechtzufinden.

In unserer BUNTE-Reiseführer-Serie „Top 100" sind ebenfalls die Destinationen München, Berlin, Mallorca, Sylt, Baden, Bayern und Tirol erhältlich.

Inhalt

———

100 INSIDER-TIPPS NACH GROSSREGIONEN

INFORMATIONEN & *ALLGEMEINES*

Das LANDWASSERVIADUKT ist ein architektonisches Meisterwerk im Streckennetz der Rhätischen Bahn und zugleich deren Wahrzeichen. Täglich fahren rund 60 Züge über die 65 Meter hohe und 136 Meter lange Brücke bei Filisur in Graubünden. Seit 2008 ist das atemberaubende Landwasserviadukt UNESCO-Weltkulturerbe

SCHWEIZ
VON A-Z

ES IST DOCH SO: WER „SCHWEIZ" HÖRT, DENKT AN
KÄSE, UHREN, SCHOKOLADE UND TASCHENMESSER.
RICHTIG SO! DOCH DIE SCHWEIZ STEHT FÜR VIEL
MEHR: LASSEN SIE SICH ÜBERRASCHEN, WAS ES
VOM AARGAU BIS NACH ZÜRICH NOCH GIBT ...

Hausinschrift in SERNEUS
bei Klosters aus dem Jahr
1741 – ein biblisch inspi-
rierter Segensspruch
nach einem großen Brand

Alphorn

Schweizer Ntionalsymbol. Lange Zeit war das Alphorn das Werkzeug der Hirten. Schon im 16. Jahrhundert riefen die Senner ihre Kühe von der Weide zurück in den Stall. Auch kommunizierten die Senner per Alphorn von Tal zu Tal oder von der Alpe hinunter ins Tal. Aktuell spielen rund 1800 Männer und Frauen das Alphorn als Musikinstrument in der Schweiz.

Birchermüsli

Müsli wird in der Schweiz auch eine kleine Maus genannt. Als leckeres Frühstück ist aber das Birchermüesli legendär. Entwickelt hat das Rezept für „d'Spys" (Getreideflocken, wahlweise mit Milch, Joghurt, Nüssen oder Früchten angereichert) um 1900 der Aargauer Arzt und Ernährungsreformer Maximilian Oskar Bircher-Benner.

Cüpli

Wer ein Cüpli bestellt, darf ein Glas Champagner erwarten. Sicher ist eines: Kein Schweizer Produkt darf sich Champagner nennen, selbst dann nicht, wenn es aus dem Dörfchen Champagne im Kanton Waadt stammt. Egal. Die Liste der hervorragenden Schweizer Schaumweine ist lang.

Diskretion

Das Bankgeheimnis hütet den Kontostand, Promis können unbehelligt im Laden um die Ecke einkaufen und im Restaurant in Ruhe speisen. Ausplaudern? Fotografieren oder ansprechen? Das verbietet des Schweizers Tugend. Darin ist er nämlich „Simply the Best"! Die Wahlschweizerin Tina Turner kann ein Lied davon singen.

Emmentaler

Berühmt für seine Löcher, wegen seines unverkennbaren Geschmacks begehrt. Dass die Schweizer die Rezepte für ihre leckeren Käsesorten wie Appenzeller, Gruyère, Tomme Vaudoise oder Vacherin Fribourgeois nicht herausrücken, ist – seitdem Schauspieler Uwe Ochsenknecht in einem Werbespot danach fragte – bekannt. Also einfach genießen!

Festivals

Eine Hochburg für Musikfans jeder Couleur ist die Schweiz: das Lucerne Festival, viele Open-Air-Veranstaltungen wie das Gurtenfestival, das Paléo Festival oder das Open Air St. Gallen. Die jährlich stattfindende Zürcher Street Parade mit einer Million Besuchern ist das weltweit größte Techno-Event.

Grand Tour

Schöner kann man nicht fahren! Die gut ausgeschilderte Route führt über 1600 Kilometer Schweizer Straßen an 22 Seen entlang, über fünf Alpenpässe und vorbei an zwölf UNESCO-Welterbestätten. Sehenswürdigkeiten laden ein, Zwischenhalte einzulegen und während der mehrtägigen Grand Tour de Suisse – genannt Grand Tour – das Land kennenzulernen.

Heidi

Berühmt ist die Schweiz auch durch Heidi. Die beiden Kinderbücher der Schweizer Schriftstellerin Johanna Spyri (1827-1901) wurden in 50 Sprachen übersetzt und zigfach verfilmt. Heidi ist dank der japanischen Zeichentrickserie weltbekannt.

IKRK

Hier gelten humanitäre Hilfe und Neutralität. Das IKRK (International Komitee vom Roten Kreuz), 1863 von Henry Dunant in Genf gegründet, schützt Leben und Würde der Opfer bewaffneter Konflikte.

JASSEN

Mit einem Ass punktet nicht nur Tennisspieler Roger Federer. Auch beim Kartenspiel Jass, einem Nationalsport, lohnt sich ein gutes Blatt. Wo, wie und wann es – außer am Stammtisch – offiziell gespielt wird, steht im Schweizer Jassverzeichnis.

KANTONE

26 Kantone sind die Gliedstaaten der Schweizer Eidgenossenschaft. Jeder Kanton hat seine eigene Verfassung, eigene gesetzgebende, vollziehende und rechtsprechende Behörden. In der Hauptstadt Bern sitzt der Bundesrat, die Regierung, des Staates.

LANDESSPRACHEN

Deutsch, Französisch, Italienisch und Rätoromanisch sind Amtssprachen der Schweiz. Diskutiert wird, ob in der Schule als erste Fremdsprache Englisch oder eine zweite Landessprache unterrichtet werden soll.

MATTERHORN

Das bekannteste Dreieck des Landes? Das Matterhorn natürlich. Oder doch der Zacken einer Toblerone? Einfach spitze ist die ausschließlich in der Schweiz hergestellte Milchschokolade mit Nougat, das auf Italienisch Torrone heißt und dem leckersten aller Exportgüter zum Namen verhilft.

NOIX GRAS

Wer hat's erfunden? Die vegetarische Variante der Foie Gras (Gänsestopfleber) ist die neueste Kreation von Sternekoch Tobias Buholzer, Küchenchef des Restaurants Die Rose in Rüschlikon. In Aroma und Konsistenz extrem nah am Original!

OSCAR

Mehrfacher Oscarpreisträger ist der Schweizer Filmproduzent Arthur Cohn aus Basel. In verschiedenen Kategorien bekam er insgesamt sechs der goldenen Statuen. Er hat auch einen Star auf dem berühmten Hollywood Walk of Fame.

POSTAUTO

Da-da-do! Die Tonfolge aus Rossinis Ouvertüre zur Oper Wilhelm Tell ist die Dreiklang-Melodie der Hupe der gelben Postautos. Mit ihnen als öffentliches Verkehrsmittel erreicht man jedes noch so abgelegene Tal.

QUALITÄT

Die Armbrust bürgt für erstklassige Produkte. Schweizer Hersteller beherrschen den Seiltanz von Innovation und Tradition und halten ihre Spitzenposition – auch preislich.

ROLEX

Die erste Uhrenmarke mit Firmennamen auf dem Zifferblatt war Rolex. Auch 2020 glänzte das Luxus-Unternehmen als landesweit stärkste Marke der Schweiz mit einem Wert von umgerechnet 6,1 Milliarden Euro.

SCHWEIZERDEUTSCH

Von Berndeutsch bis Zürcher Mundart gibt es viele Färbungen im Schweizerdeutsch. Worte wie Anke (Butter), Büsi (Katze), Bünzli (Spießbürger) oder Znüni (9-Uhr-Snack) bieten etliche Varianten. Wer als Ausländer das Begrüßungswort Grüezi versteht, hat gerade mal den Anfang vom Schweizer Hochdeutsch geschafft.

TESSIN

Sowohl in Graubünden als auch im Tessin ist Italienisch die Amtssprache. Rund 90 Prozent der Tessiner sprechen Italienisch als Muttersprache. Wir lieben das italienische Flair verbunden mit helvetischen Tugenden. Palmen, Zypressen, Vino, dazu der Lago Maggiore oder der Lago di Lugano. Ein Traum! Und Glamour gibt es auch: Seit 1946 zählt das Locarno Festival zu den bedeutendsten Filmfestspielen weltweit.

UNTERHALTUNG

Hier dreht sich alles im Kreis, poetisch und spektakulär. Der Nationalzirkus Knie sorgt in der Manege bereits in achter Generation mit einem faszinierenden Programm landesweit für Herzklopfen – und das jährlich von März bis November!

VERKEHR

Jede Ortschaft der Schweiz ist mit öffentlichen Verkehrsmitteln zu erreichen. Da lohnt sich der beliebte Swiss Travel Pass: Mit ihm kann man im Urlaub als Gast uneingeschränkt via Nah-, Fern- und Schiffsverkehr unterwegs sein und bekommt Ermäßigungen beim Museumsbesuch.

WELTELITE

Die Schweiz macht Schule. Und das elitär. Künftige Monarchen, Kids von Wirtschaftsbossen, Popstars oder Millionären drücken hier die hoch angesehenen Schulbänke – in den teuersten und renommiertesten Internaten der Welt, fernab von daheim.

XENOPHOBIE

Schon fast Tradition hat in der Schweiz der Überfremdungsdiskurs. Wie viel Fremdheit verträgt das Land? In einer Umfrage zeigten sich 2018 immerhin rund 70 Prozent der Schweizer tolerant gegenüber fremden Mitmenschen. Und mit ausländischen Gästen hat der Schweizer sowieso kein Problem.

YVERDON-LES-BAINS

Schon die Römer badeten in den schwefelhaltigen Thermalwassern, heute ist die Kleinstadt Badekurort und Naturparadies. Ein Spaziergang durch die Stadt ist wie eine Reise durch 6000 Jahre Geschichte.

ZUGFAHREN

Genießen in vollen Zügen? Die Schweiz hat mit 122 Metern pro Quadratkilometer das dichteste Eisenbahnnetz der Welt (Kleinstaaten ausgenommen). 2019 unternahm jeder Schweizer 74 Bahnfahrten und legte durchschnittlich 2505 Kilometer zurück.

Das bedeuten unsere Sterne:
5 Sterne ★★★★★ Sehr hochpreisig
4 Sterne ★★★★☆ Teuer, aber bezahlbar
3 Sterne ★★★☆☆ Super Preis/Leistung
2 Sterne ★★☆☆☆ Günstig
1 Sterne ★☆☆☆☆ Fast geschenkt

Mit einem normalen Grotto hat das RISTORANTE
DA ENZO wenig zu tun. Es ist vielmehr ein Garten
der Sinne, in den man sich hoffungslos verliebt:
Das Ambiente, die Küche, der Weinkeller und der
Service brachten dem Gourmet-Dauerbrenner
16 Gault-Millau-Punkte und eine Auszeichnung
von Michelin ein. Tessiner Atmosphäre auf
höchstem Niveau – ein Genuss fürs Auge

EN *Guete!*

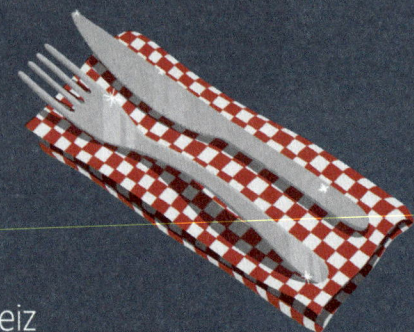

So schmeckt die Schweiz

WAS LANGE WÄHRT, MUSS GUT SEIN: In vielen Schweizer Traditions-Gaststuben mit Namen wie Ochsen, Bären, Sternen, Löwen, Trauben, Hirschen oder Rössli wird die traditionelle Schweizer Küche gepflegt und mancherorts mit neuem Dreh serviert. Gern begleitet von einem edlen Tröpfchen aus dem Land der Eidgenossen. En Guete (= Guten Appetit)!

Zünftiges Ambiente, passend zum Menü

RICHTIG SCHÖN
SCHWEIZ

Traditionsreiches Haus: der ZEUGHAUSKELLER

ZEUGHAUS-KELLER

1

Zeughauskeller
Bahnhofstraße 28 a, 8001 Zürich
Tgl. 11.30-23.00 Uhr
Preise: ★★☆☆☆
zeughauskeller.ch

Die ganze Bandbreite der Schweizer Küche können Sie im Zeughauskeller probieren. Wurstspezialitäten locken – vom Augustiner Schüblig über Waadtländer Saucisson bis zur Zürcher Kalbsbratwurst. Als Beilage, auch zum feinen Kalbsgeschnetzelten, empfehlen sich original Schweizer Rösti, natürlich knusprig in der Pfanne gebraten. Unbedingt probieren: Bürgermeister Schwert (Babybeef-Paillards) oder die Älplermagronen (Spezialität mit Teigwaren, Kartoffeln, Rahm, Zwiebeln).

KARLS KRAUT

2

Gemütliche Gaststube im KARLS KRAUT in Luzern

REGIONALE
BIO-KÜCHE

Gaumenfreuden, dekorativ serviert

Vanillecreme zwischen drei Lagen Blätterteig, gekrönt von Zuckerguss, rechteckig zugeschnitten: das ist die klassische Schweizer Cremeschnitte. In veganer Version gibt es diese Spezialität auch in Luzern im Restaurant Karls Kraut. Außerdem: eine vielseitige Auswahl an rein pflanzlich zubereiteten Köstlichkeiten – zu genießen beim Sonntagsbrunch, zum Apero, zur Vor- und Hauptspeise oder zum Dessert. Ehrliche regional-saisonale Bio-Küche, die glücklich macht!
Karls Kraut
St. Karliquai 7, 6004 Luzern
Di, Mi 11.30-14, 17.30-22.30 Uhr;
Do, Fr 11.30-14, 17.30-23 Uhr;
Sa 11-23 Uhr, Sonntagsbrunch nach
Ankündigung
Preise: ★★★☆☆ / karlskraut.ch

GANZ *WEIT OBEN*

3

"Die Kuh" bedeutet der Name des Lokals LA VACHE. Zu sehen gibt es mehr als Eutertiere

Das Restaurant gehört Sänger James Blunt

LA VACHE

Als absoluter Fan des Schweizer Skiortes Verbier hat sich Sänger und Songwriter James Blunt das Bergrestaurant La Vache auf 2730 Metern Höhe zugelegt. Zur Hütte führt sogar ein Sessellift, der seinen Namen trägt. Auf Besucher wartet neben der grandiosen Aussicht auf den Mont Blanc eine deftige Küche, zum Beispiel Hamburger mit Fleisch von Walliser Rindern und hausgemachte Pizzen. Übrigens: Prinz William war mit seinen Freunden auch schon da, und während diese dem guten Wein huldigten, blieb der Royal sportlich bei Zitronenlimo.

La Vache / Bergstation Les Attelas, 1936 Verbier / Je nach Wetterbedingung Dez-Apr, 9-16 Uhr / Preise: ★★★★★ / lavache-verbier.com

4 RESTAURANT BOCUCI

Stimmungsvoller Rahmen im Restaurant BOCUCI – für schöne Stunden

Gleich drei Spitzenköche – Mark Humm, Gennaro Pugliese und Joel Schaffter – verzaubern die Gäste des Bocuci in Zürich. "Der Appetit ist für den Magen, was die Liebe fürs Herz ist", so lautet der Wahlspruch des Trios. Authentizität und das Erlebnis einer guten, gemeinsamen Zeit im Restaurant – darum geht es. Gekocht wird authentisch italienisch à la Mama – manchmal aber auch mit einem besonderen Twist, den Mark Humm aus New York ins Zürcher Zentrum bringt. Wir lieben auch den herzlich-familiären Service! Amore geht immer.

Restaurant Bocuci – Bottega & Cucina
Leonhardstraße 1, 8001 Zürich
Di-Fr 11.30-14.30, 18-23.30 Uhr;
Sa 18-23.30 Uhr
Preise: ★★★★★ / bocuci.ch

ITALIENISCHER *GENUSS*

CHÂTEAU DE VILLA

5

Traditionelles Walliser Raclette

Beim urtypischen Walliser Raclette wird der halbe Käselaib so lang ans Feuer gehalten, bis die oberste Schicht schmilzt, grillt – und auf den Teller abgestrichen werden kann. Dazu werden klassisch Pellkartoffeln, Silberzwiebeln und Essiggurken serviert. Passend ist auch ein kühler Walliser Weißwein. Ein geselliger Raclette-Abend kann im Château de Villa etwas Zeit dauern, da immer eine Portion nach der anderen serviert wird, und jeder Gast so viel und so lange essen kann, wie er will.

Château de Villa / Rue Sainte-Catherine 4,
3960 Sierre / Mo-Do 11-13, 17-20.30 Uhr;
Fr 11-13, 17-21 Uhr; Sa 11-21, So 11-20.30 Uhr
Preise: ★★★☆☆
chateaudevilla.ch

Im Sommer ist natürlich der Garten beliebt

MEHR
ALS KÄSE

RESTAURANT ADLER

Traditionsreich: die Adankstube des RESTAURANT ADLER

Wenn die Gäste im feinen Bad Ragaz nach genussreicher Abwechslung suchen, führt sie der Weg oft in die Nachbarschaft ins Weindorf Fläsch. Im Adler kocht der Südtiroler Siggi Tschurtschenthaler seit Jahren auf hohem Niveau. Die Traditionsgerichte aus seiner Heimat Südtirol gehen hier eine wunderbare Liaison ein mit Bündner Spezialitäten. Aber Tschurtschenthaler experimentiert auch gern. Ergänzt werden die Speisen am besten durch einen der fast 500 Weinen aus dem Keller.

FEINE
BÜNDNER KÜCHE

Restaurant Adler
Krüzgasse 2, 7306 Fläsch
Do-Mo 11.30-14, 18-22 Uhr
Preise: ★★★☆☆
adlerflaesch.ch

6

Auch beim Dessert isst das Auge mit

Koch Siggi Tschurtschenthaler mit Adlern

Im Stil einer Alpen-
hütte: das CHALET
DE GRUYÈRES

FONDUE-
PARADIES

CHALET DE
GRUYÈRES

Fondue, Raclette, Crème double und noch mehr regionale Spezialitäten können Sie genießen im Chalet von
Gruyères (oder Greyerz, wie die Stadt auf deutsch
heißt). Für ein Fondue moitié-moitié wird eine traditionelle und sehr würzige Käsemischung verwendet, die in
der örtlichen Käserei entstanden ist: Freiburger Vacherin
und Gruyère, mit Weißwein angerührt, bilden die köstliche Ummantelung der eingetunkten Brotwürfel. Das
Chalet liegt im Herzen der mittelalterlichen Stadt und ist
im typischen Stil einer Alpenhütte gestaltet.

*Restaurant Le Chalet
de Gruyères*
Rue du Bourg 53,
1663 Gruyères
Tgl. 8-21 Uhr
Preise: ★★★☆☆
gruyereshotels.ch

7

8

Bewährte Geschichte:
Schweizer Speziali-
täten im RÖSSLI HÜ

RÖSSLI HÜ

„Auf den Tisch kommt nur, was sich über Generationen bewiesen hat", lautet der Wahlspruch des Rössli Hü in Root bei Luzern. Eine
dieser Spezialitäten ist das Cordon bleu: Im
Rössli Hü, das erstmals 1653 erwähnt und
2020 zum Sieger als „Historisches Restaurant"
gekürt wurde, wird das Kalbfleisch mit Gruyère
und Buurehamme, also Bauernschinken, gefüllt. Dazu gibt's Gemüse und Pommes frites.
Raffiniert: Das Rossli Hü ist Meister im hausei-
genen Konservieren von Lebensmitteln – was
für Überraschungen im Menü sorgt.

Rössli hü / Luzernerstraße 7, 6037 Root
Di-Fr 11.30-14.30, Di-Sa ab 18 Uhr
Preise: ★★★☆☆ / roessli-hue.ch

SCHNITZEL MIT
INNENLEBEN

GROTTO AL RITROVO

Der wohl bekannteste Geheimtipp im Tessin: die geniale Aussicht aus dem Garten des GROTTO AL RITROVO. Die dreistündige Wanderung zum Grotto ab Madonna del Sasso ist auch für Ungeübte geeignet und führt durch Kastanienwälder

MENÜ

ANTIPASTI

MINESTRONE TICINESE
Tessiner Minestrone

Auch im Innenbereich ist das Ambiente behaglich

TESSINER *FRISCHEKÜCHE*

GROTTO AL RITROVO

700 Meter hoch über dem Lago Maggiore liegt dieses Grotto – der Blick ist umwerfend. Auch abends: Dann glitzert Locarno unten am See, während Anja und Stefan Buess im Restaurant ihre Gäste mit Tessiner Spezialitäten verwöhnen. So gibt es Polenta mit gratiniertem Gorgonzola oder Rindsschmorbraten an Merlotsauce. Der Klassiker: Ravioli, gefüllt mit Zitronen!

9

Grotto al Ritrovo
Via Val Resa 110, 6645 Brione sopra Minusio
Tgl. 11-23 Uhr
Preise: ★★★☆☆ / ritrovo.ch

BUNTE *PROMI-TIPP:*

„Das Restaurant Kronenhalle in Zürich ist immer ein Besuch wert. Mit so viel wertvoller und großer Kunst an den Wänden schmeckt das Essen immer besser."

ROLF KNIE
KÜNSTLER

Genuss für Fleischlieb-haber, aber auch für Vegetarier

Edel und ge-mütlich mutet das Interieur an

EINFACH GUT ESSEN

10
DA ENZO

Ein Paradies für Feinschmecker ist Josi und Enzo Andreattas Ristorante da Enzo am Eingang des Maggiatals in Ponte Brolla. Bambus, Rosenpracht und hohe Palmen sorgen für ein entspanntes Ambiente auf der Terrasse, Küchenchef Andrea Cingari verwöhnt Sie mit kulinarischen Höhenflügen aller Art – ob Fleisch, Fisch oder vegetarisch. Die Speisen gibt es bereits am Mittag oder aber ganz romantisch abends unter dem Sternenhimmel.

Ristorante da Enzo
Ponte Brolla, 6652 Tegna
Fr-Di 12-24, Do 17-24 Uhr
Preise: ★★★★★
ristorantedaenzo.ch

Entspanntes Ambiente: die Terrasse vom RISTORANTE DA ENZO

WO KULINARIK AUF
ROMANTIK TRIFFT

TRAUMBERUF
MAÎTRE CHOCOLATIER

Ja, es gibt ihn wirklich, den Maître Chocolatier aus der TV-Werbung. Urs Liechti leitet die Produktentwicklung beim Schokoladenhersteller Lindt & Sprüngli. Hier verrät er, warum die Schweizer so gut Süßes können …

Maître Chocolatier Urs Liechti bei der Arbeit

War es schon immer Ihr Traum, Maître Chocolatier zu werden?
Ich war schon als Kind hinter Süßem her und habe immer sehr gerne genascht. Später habe ich dann auch eine Lehre als Confiseur in Bern begonnen.

Wie wird man Maître Chocolatier?
Es bedarf langjähriger Erfahrung! Mein süßer Lebensweg führte mich auch nach Ottawa in Kanada und Melbourne in Australien. Bei meinen Reisen habe ich nicht nur beruflich, sondern auch im Umgang mit Menschen, Kulturen und Schokoladenvorlieben sehr viel mitnehmen können.

Naschen Sie im Arbeitsalltag ständig?
Als Leiter der Produktentwicklung bei Lindt & Sprüngli ist jeder Tag eine Herausforderung, aber eine der schönsten, die es gibt. Mein Arbeitsalltag beinhaltet tatsächlich, viel Schokolade zu essen, manchmal sogar zum Frühstück. Bei der Kreation neuer Rezepte ist Verkostung ein wichtiger Teil, um herauszufinden, welche Zutaten am besten zusammenpassen.

Wieso steht die Schweiz eigentlich als Synonym für gute Schokolade?
Das liegt vor allem an den zahlreichen Schweizer Schokoladenpionieren, die Anfang des 19. Jahrhunderts an der Schokolade gearbeitet haben, wie wir sie heute kennen. Nach Europa kam Schokolade von Lateinamerika erst als Getränk. Später wurde Kakaomasse vermengt mit anderen Zutaten wie Zucker und Kondensmilch in Formen gepresst. Wie man sich vorstellen kann, war dies eher eine sandig-brüchige Angelegenheit. Erst die Erfindung von Rodolphe Lindt, einer unserer Gründerväter, legte den Grundstein für zartschmelzende Schokolade. Seine Innovation, die Conchiermaschine, revolutionierte die gesamte Schokoladenindustrie und ist die Grundlage für die wundervolle Schokoladentextur, die wir so genießen.

Süße Versuchungen: Pralinen von Lindt & Sprüngli

EINFACH GUT *essen*

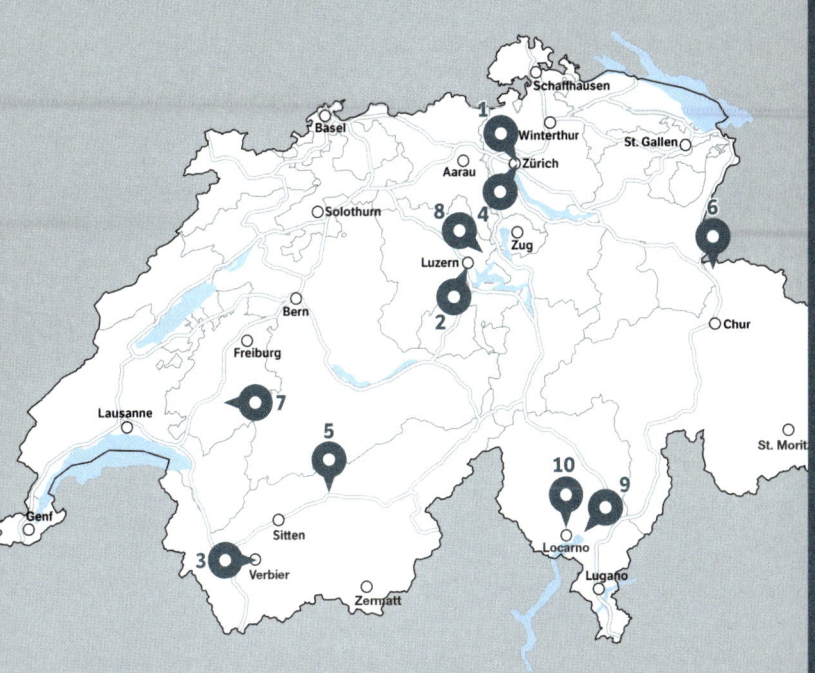

1 ZEUGHAUSKELLER Zürich / 2 KARLS KRAUT Luzern / 3 LA VACHE Verbier
4 RESTAURANT BOCUCI – BOTTEGA & CUCINA Zürich / 5 CHÂTEAU DE
VILLA Sierre / 6 RESTAURANT ADLER Fläsch / 7 RESTAURANT LE CHALET
DEGRUYÈRES Gruyères / 8 RÖSSLI HÜ Root / 9 GROTTO AL RITROVO Brione
sopra Minusio / 10 RISTORANTE DA ENZO Tegna

Kultstatus besitzt das Hotel
SCHATZALP in Davos, einst das
wohl begehrteste Luxus-Sanatorium
der Welt. Zaren, Könige, Schauspieler und der Geldadel wurden an der
guten Luft mit Weitblick auf Tal und
Berge gepflegt. Hier spielt auch der
große Thomas-Mann-Roman
„Der Zauberberg"

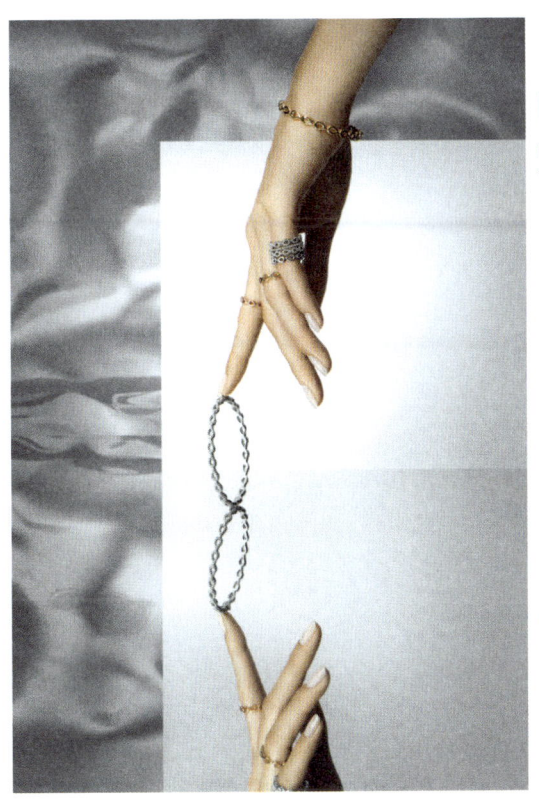

DEFINING STYLE

LACRIMA COLLECTION
EMBRACING SENSUALITY

BUCHERER
FINE JEWELLERY

bucherer.com

HIMMLISCHE
Betten

Wo es nachts am schönsten ist

„FÜR Ä TÜÜFÄ, GSUNDÄ SCHLAAF": Diesen populären Schweizer TV-Werbespot-Slogan für den gesunden Tiefschlaf kennen Generationen von Schweizern. Für den Urlaub im Alpenland wünscht man sich dann noch, dass das Drumherum so schön ist, dass man womöglich doch nicht schlafen mag. Wir zeigen Ihnen besondere Orte, von denen Sie schon vorab träumen können

11

Wie ein Schlöss-
chen wirkt der
historische Teil
des Grandhotels

Wow-
Moment:
die Lobby

Großer Auf-
tritt: Treppen
mit Kron-
leuchter in
der Steinhalle

*WELT-
KLASSE*

THE DOLDER GRAND

Das Hotel auf dem Dolder am Zürichberg empfängt seit seiner Gründung 1899 die illustre Zürcher Gesellschaft, beherbergte aber auch Gäste wie den Schah von Persien, Winston Churchill, Sophia Loren oder die Rolling Stones. Nach der Sanierung 2004 für umgerechnet 410 Millionen Euro blieb die historische Bausubstanz erhalten – gepaart mit modernem Design. Göttlich ist der Blick über die Stadt auf den Zürichsee. Tipp: Ein Tagesbesuch im Day Spa (4000 Quadratmeter).

The Dolder Grand / Kurhausstraße 65, 8032 Zürich
Preise: ★★★★★ / thedoldergrand.com

12

Holz trifft auf moder-
nes Design: Tradition,
Gegenwart und
Ökologie sind vereint

LUXUS &
ÖKOLOGIE

MAYA BOUTIQUE HOTEL

Komplett aus Strohballen gebaut ist das Maya Boutique Hotel & Spa. Jedes der acht Doppelzimmer wurde aus einer anderen Holzart errichtet und duftet entsprechend. Und aus jedem Fenster erfreut der Blick auf die Walliser Alpenwelt. Heilfasten, Detox, Fass-Sauna, Hot Tub und Massagen gehören zum wohligen Wellness-Angebot des mehrfach prämierten Hotels. Was auf den Tisch kommt, stammt ausschließlich von umliegenden Biohöfen.

Maya Boutique Hotel & Spa
Linzerbot 25-27,
1973 Nax Mont-Noble
Preise: ★★★☆☆
maya-boutique-hotel.ch

Zehn Zimmer im Retro-Chic hat dieses Traumhotel. Einfach ab Ascona mit einem Schiff der Navigazione Lago Maggiore zu den Brissago-Inseln übersetzen – und Sie haben die einzigartige Möglichkeit, in der geschichtsträchtigen Villa Emden, dem Palazzo der Baronin Antoinette de Saint-Léger, zu nächtigen. Im Botanischen Inselgarten gedeihen über 1800 verschiedene Pflanzen. Feine Küche wird auf der Terrasse mit Seeblick serviert. Highlight: Wenn das letzte Schiff abgelegt hat, ist die Stille der größte Luxus.

ISOLE BRISSAGO

Hotel Villa Emden
6614 Brissago
Apr-Okt
Preise: ★★★☆☆
isolebrissago.ch

13

Geschichte zum Erleben: Die VILLA EMDEN ist heute ein besonderes Hotel

INSEL-
GLÜCK

ENERGIE
FLIESST

Abgeschiedenheit garantiert: das GRIMSEL HOSPIZ

Behaglich sind die Räume des Alpinhotels eingerichtet

14

GRIMSEL HOSPIZ

Als erstes elektrisch beheizbares Haus in Europa ist das Grimsel Hospiz in die Geschichte eingegangen. Das heutige 4-Sterne-Alpinhotel steht an der Passstraße, über die einst mit Maultieren Käse ins Piemont transportiert wurde. Die karge Gebirgslandschaft besticht im Winter durch absolute Abgeschiedenheit, im Sommer erlebt man das Stauwerk, das Kraftwerk, die Kristallkluft oder die Hängebrücke über die Triftschlucht – und viele weitere ungewöhnliche Ausflüge.

Grimsel Hospiz
Am Grimselpass, 3864 Guttannen
Jun-Okt, Dez-Apr / Preise: ★★★☆☆
grimselwelt.ch

*ZEIT-
REISE*

15

In der Villa, im
Chalet und im
Hotel sind alle
Zimmer mit
Holz gestaltet

SCHATZALP

Berghotel Schatzalp / Promenade 63, 7270 Davos
Preise: ★★★☆☆ / schatzalp.ch

Verewigt wurde das Hotel in Thomas Manns Roman „Der Zauberberg". Den Belle-Epoque-Charme konnte sich das ursprüngliche Luxussanatorium, das auf einer Sonnenterrasse oberhalb von Davos liegt, erhalten. Immer wieder dient die Schatzalp auch als Kulisse für Hollywoodproduktionen wie „Ewige Jugend" von Oscarpreisträger Paolo Sorrentino oder „Die Frau im Mond" mit Marion Cotillard. Top: Im Winter liegt das Hotel direkt an der Piste, im Sommer mitten im Wanderparadies mit herrlicher Luft.

HÔTEL PALAFITTE

Inspiriert vom Wasser, in vollkommenem Einklang mit der Natur, steht das Hôtel Palafitte in Neuenburg. Gebaut wurde es zur Landesausstellung 2002 – in Anlehnung an die dort entdeckten Überreste einer Pfahlbausiedlung: Es steht zum Teil auf Pfählen im See, sodass mehr als die Hälfte der 40 Pavillons, alle mit Fensterfront zum See hin, direkt über dem Wasser stehen. Von der zehn Quadratmeter große Terrasse gelangen Schwimmer direkt in den erfrischenden See. Wer braucht da noch die Karibik?

Hôtel Palafitte
Route des Gouttes-d'Or 2,
2008 Neuchâtel
Preise: ★★★★☆
palafitte.ch

Über dem Wasser:
Die Hälfte der Pavillons
stehen auf Stelzen

LANDGASTHOF KEMMERIBODEN-BAD

Im Sommer sitzt es sich wunderbar im Garten des Landgasthofs

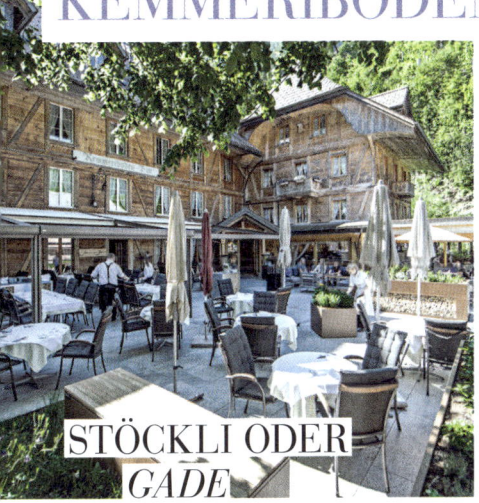

Das Stöckli ist das Häuschen für die Großeltern neben dem Bauernhaus, im Gade lagern Vorräte oder Heu. Nicht so im Emmentaler Landgasthof Kemmeriboden-Bad! Da gibt's viel Auswahl zum Nächtigen, wie das historische Heugade, das Klangzimmer (mit Piano), das Stroh Deluxe oder Garten Deluxe, im Winter das Iglu. Schon das Aussuchen macht Spaß. Kulinarisch wird original Berner Kost serviert: von der Berner Platte (Fleisch, Bohnen, Sauerkraut) bis hin zur Meringue mit Nidle (Schlagsahne). Wohl bekomm's!

STÖCKLI ODER *GADE*

Hotel Landgasthof Kemmeriboden-Bad
6197 Schangnau / Preise: ★★★★☆
kemmeriboden.ch

TIEFSCHLAF *MIT TIEFGANG*

Aufwachen mit Seeblick: ein Pavillion des HÔTEL PALAFITTE

BUBBLE HOTEL

Eins mit der Natur: Wie in riesigen Seifenblasen schlummert man in den Kugelzelten der BUBBLE HOTELS im Thurgau. Verpflegung und alles andere gibt es vom nahen Bauernhof

HOTEL VILLA HONEGG

Eine Idee für eine luxuriöse, unvergessliche Auszeit zu zweit: eine herrschaftliche Villa hoch über dem See, ein Restaurant mit delikaten Gerichten, ein Wellnessbereich, dazu die Auswahl von 23 eleganten Zimmern und Suiten. Nur ein Luxus-Boutique-Hotel wie die Villa Honegg kann dieses Maß an Privatatmosphäre mit noblem Service verbinden. BUNTE-Tipp: Als Tagesgast das herrliche Spa besuchen, anschließend einen Picknickkorb buchen und dazu den grandiosen Ausblick genießen.

Hotel Villa Honegg
6373 Ennetbürgen
Preise: ★★★★☆
villa-honegg.ch

Einfach erhaben: Ausblick von Ennetbürgen über den Vierwaldstättersee

FÜR WOW-
MOMENTE

18

Edel sind alle Zimmer und Suiten

19

BUBBLE HOTEL

Ein himmlisches Vergnügen bereitet Thurgau Tourismus mit seinen Bubble Hotels am Bodensee und im Hinterland. Die transparenten Blasen stehen an verschiedenen, eindrucksvollen Standorten mitten in der Natur, zum Beispiel im Rebberg, Obstgarten oder Park. Verpflegung und mehr gibt's vom nahen Gastrobetrieb. Und sobald Sie nachts aufwachen, erleben Sie – wenn es wolkenfrei ist – den Blick zum Sternenhimmel. Das ist Luxus.

Mitten in der Natur stehen die durchsichtigen BUBBLE HOTELS

DAS TAUSEND-STERNE-
HOTEL

Bubble Hotel / Mehrere Standorte im Bodenseeraum
Preise: ★★★★★ / himmelbett.cloud/de/bubble-hotel.html

HOTEL WALTHER

Was ist ein zeitgemäßes Grandhotel? Wer das Hotel Walther besucht hat, weiß es. Dort wurde die Verschmelzung des modernen Retro-Stils mit der baulichen Historie genial umgesetzt. Außerdem stehen fünf Restaurants zur Wahl – wie der Jugendstilsaal, LaTrattoria oder für Käse-Fans das Gondolezza (in einer ausgedienten Gondel). Der Wellnessbereich ist wohldurchdacht, und der Weinkeller bietet eine prächtige Auswahl zu fairen Preisen. Die Gäste des 4-Sterne-Hauses schwärmen!

Hotel Walther
Via Maistra 215, 7504 Pontresina
Preise: ★★★★★ / hotelwalther.ch

Das HOTEL WALTHER ist seit 114 Jahren ein Familienbetrieb

TOP 100

20

GOLD-
RICHTIG

Die Lobby des Hotels – das Auge wird mit Grüntönen verwöhnt

BUNTE *PROMI-TIPP:*

„Seit meinem ersten Theater-Engagement in Zürich bin ich Schweiz-Fan. Besonders beeindruckend und erholsam empfinde ich das luxuriöse und dennoch nachhaltig grüne Musterdorf und Hotel Chedi in Andermatt."

HANNES JAENICKE
SCHAUSPIELER

WO DIE HOTEL-CHEFS
VON MORGEN LERNEN

Gegründet wurde die wohl berühmteste Hotelfachhochschule 1893. Heute ist die École hôtelière de Lausanne (EHL) auf fünf Kontinenten präsent und hat über 25 000 Alumni. Geleitet wird sie von CEO Michel Rochat, der sich zu lebenslangem Lernen bekennt.

Herr Rochat, was ist gute Hotellerie?
Es gibt so viele Definitionen für gute Gastfreundschaft wie es Kulturen, Lebensstile, Budgets und Generationen gibt. Ein gutes Hotelunternehmen reflektiert die Werte der jüngeren Generation oder den Einsatz neuer Technologien wie etwa Online-Buchungsplattformen.

In der EHL lernen Auszubildende, wie Spitzenleistung in der Hotelerie geht

Was kommt – aus der Sicht der Gäste – morgen?
Für immer mehr Reisende geht es in den Ferien darum, eine herausragende Erfahrung zu machen in ihrem sonst schon bewegten Leben. Einige Reisende suchen nach Authentizität und möchten wirklich in die Kultur ihres Reiseziels eintauchen. Andere wollen die Zeit bewusster erleben und sich entspannen, im Moment sein. Gastfreundschaft bedient heute die Emotionen der Gäste.

Wie lernt man es, in der Hotelbranche erfolgreich zu sein?
Hoteliers müssen über eine einzigartige Mischung aus persönlichem, sozialem, methodischem sowie technischem Fachwissen verfügen. Wir halten

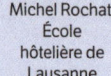

Michel Rochat, École hôtelière de Lausanne

unsere Studierenden dazu an, ihre vorgefassten Vorstellungen von der Welt zu überdenken und sich an jede Situation anzupassen, sich mit jeder Kultur auseinanderzusetzen und zu akzeptieren, dass ihr Lernprozess eine lebenslange Reise sein wird.

Was zeichnet die École hôtelière de Lausanne aus?
Sie ist als die beste Hospitality-Management-schule der Welt anerkannt und wird für ihre akademische Qualität, ihre Professionalität und Weitsicht geschätzt – sowie dafür, dass sie herausragende Talente hervorbringt.

SCHÖNER *schlafen*

11 THE DOLDER GRAND Zürich / 12 MAYA BOUTIQUE HOTEL & SPA
Nax Mont-Noble / 13 HOTEL VILLA EMDEN Brissago / 14 GRIMSEL HOSPIZ
Guttannen / 15 BERGHOTEL SCHATZALP Davos / 16 HOTEL LANDGASTHOF
KEMERIBODEN-BAD Schangnau / 17 HÔTEL PALAFITTE Neuchâtel
18 HOTEL VILLA HONEGG / Ennetbürgen / 19 BUBBLE HOTEL
Mehrere Standorte im Bodenseeraum / 20 HOTEL WALTHER Pontresina

Das MATTERHORN ist das Wahrzeichen der Schweiz. Das weltweit
bekannte Naturmonument ist mit
stolzen 4478 Metern einer der
höchsten Berge der Alpen und gilt
bis heute als einer der anspruchs-
vollsten Gipfel für Bergsteiger.
Rund 3000 Versuche gibt es jährlich – die meisten scheitern

MAGIE
der Natur

Schauspiel unter freiem Himmel

WO MUTTER ERDE REGIE FÜHRT: Die Protagonisten für dieses faszinierende Schauspiel in der Schweiz sind Wasser, Berge, Landschaft, Tier- und Pflanzenwelt. Kulissen von einzigartiger Schönheit – magische Orte, die nicht nur das Auge verzaubern, sondern auch die Seele berühren

HOCH *HINAUS!*

21

Spektakel auf dem
JUNGFRAUJOCH: Der
Eispalast wird künstlich
gekühlt, da die Körper-
wärme der Besucher
die Temperatur anhebt

JUNGFRAUJOCH

Der mit 3454 Metern höchstgelegene
Bahnhof von Europa lockt jährlich rund
eine Million Besucher an. Durch einen
Stollen im Felsen gelangt man auf die
Walliser Seite zum Aletschgletscher
und mit dem schnellsten Lift des Landes hinauf zur Plattform des Sphinx-Ob-
servatoriums. Einzigartig ist der Glet-
scher-Erlebnisweg, bei dem auch eine
Gletscherspalte über eine Hängebrücke überquert wird. Von Mai bis Oktober lockt der Snow Fun Park: Schlitten-,
Ski- und Snowboardfahren, Reifenro-
deln! Alle Geräte kann man vor Ort mie-
ten. Tipp: Sitzplätze für die Fahrt aufs
Jungfraujoch reservieren.

Jungfraujoch / 3801 Jungfraujoch
Preise: ★★★★
jungfrau.ch

Das beein-
druckende
Sphinx-Ob-
servatorium

EUROPAWEG & HÄNGEBRÜCKE

Für viele ist es eine der schönsten Wanderungen in den Alpen: der Europaweg. In zwei Tagen führt er von Grächen über Gasenried zum Grat, hoch über dem Mattertal zur Europahütte in Randa, auf die Täschalpe und weiter nach Zermatt. An manchen Stellen ist etwas Mut erforderlich, wie auf der mit 494 Metern längsten Fußgänger-Hängebrücke der Welt, benannt nach Hauptsponsor Charles Kuonen. Wer die 65 Zentimeter breite Brücke schneller kennenlernen will, der nimmt den vierstündigen Rundweg ab Randa.

Charles Kuonen Hängebrücke
3928 Randa / Mai-Okt
europaweg.ch

22

In 85 Metern Höhe über das Grabengufer im Mattertal: die CHARLES KUONEN HÄNGEBRÜCKE

SCHWINDEL-
FREI?

NATUR-
GEWALTEN

Die ALETSCH ARENA ist ein Paradies für Wanderer und Skifahrer

23

ALETSCHGLETSCHER

Der mit 117,6 Quadratkilometern größte und 22,6 Kilometern längste Gletscher der Alpen liegt im Kanton Wallis. Durch Luftseilbahnen ist der Berggrat zwischen Riederhorn und Eggishorn besonders gut erschlossen. Einzigartig ist das Reservat mit Arven- und Lärchenwald, die zum Inventar des UNESCO-Weltnaturerbes zählen. Eiszeit und Naturgewalt sind spürbar – aber auch Vergänglichkeit: Der Aletschgletscher verliert stetig an Masse.

Aletschgletscher
3984 Fiesch
Preise: ★☆☆☆☆
aletscharena.ch

GIGANTISCHE *WANDER-ARENA*

Wie eine große Naturarena: der CREUX DU VAN

Zu sehen gibt es Gämsen, Steinböcke, Luchse und mehr

24

CREUX DU VAN

Creux du Van
2103 Noiraigue
j3l.ch

Rund 500 Meter geht's runter im Creux du Van, einem hufeisenförmigen Kar im Juragebirge an der Grenze der Kantone Neuenburg und Waadt. Die Felswände, die 160 Meter senkrecht abfallen, umschließen einen vier Kilometer langen und einen Kilometer breiten Tal-Kessel. Ein urzeitliches Meer verursachte vor rund 200 Millionen Jahren dieses Naturspektakel, das durch ein 25 Quadratkilometer großes Reservat geschützt ist. Im Kessel entspringt die Fontaine Froide, deren Wasser stets vier Grad Celsius kalt ist.

ONSERNONETAL & MONTE PILONE

25

Die schönste Sackgasse der Welt führt ins Onsernonetal. Das stille Tessiner Tal und die Abgeschiedenheit inspirierte viele Schriftsteller – auch Max Frisch, der in „Der Mensch erscheint im Holozän" darüber schrieb. Lohnend ist die dreistündige Wanderung ab Spruga hinauf auf den Monte Pilone. Der Marsch wird belohnt mit der Aussicht auf den höchsten Punkt der Schweiz, der Dufourspitze (4634 Meter), und zum tiefsten, dem Seespiegel des Lago Maggiore. Abstieg über die Alpe Salei. Tessiner Bergkäse, Salametti und Gazosa runden dort das Erlebnis kulinarisch ab.

Steinturm auf dem MONTE PILONE, der Grenze zwischen Schweiz und Italien

Monte Pilone / Fußmarsch ab Spruga, 6663 Onsernone, nach Vergeletto; Transport mit dem Postauto möglich, Fahrplan beachten
onsernone.ch

AUSBLICK DER *EXTREME*

REKORD-
VERDÄCHTIG

Tosend stürzen die Wassermassen bei Schaffhausen den RHEINFALL Richtung Basel hinunter

RHEINFALL

Er ist mit 23 Metern Höhe und 150 Metern Breite einer der drei größten Wasserfälle Europas. Mit Booten kann man den tosenden Wassermassen näherkommen – oder sie entspannt von oben betrachten, zum Beispiel von Schloss Laufen (schlosslaufen.ch). Wer mittendrin sein will, wählt Schlössli Wörth (schloessliwoerth.ch). Beeindruckend: der Rheinfall wird nachts beleuchtet (nicht bei Vollmond und tags drauf).

Rheinfall
8212 Neuhausen
am Rheinfall
rheinfall.ch

26

BUNTE *PROMI-TIPP:*

„Obwohl ich eher ein Sommermensch bin, gibt es für mich nichts Schöneres als Skiferien. Besonders die Berglandschaft in Graubünden hat es mir angetan. Seit Jahren bin ich mit meiner Familie in Arosa, genauer gesagt in Innerarosa. Das ist die perfekte Balance zwischen idyllischem Bergdorf, tollen Pisten bis rauf auf 2600 Meter – und trotzdem genug Ausgehmöglichkeiten."
MAX LOONG
SCHAUSPIELER UND MODERATOR
VON „VOICE OF SWITZERLAND"

Wer auf dem PILATUS übernachtet, dem
werden Momente wie dieser Sonnenauf-
gang ein ganzes Leben lang in Erinnerung
bleiben. Abends ist der Sonnenuntergang
über den Gipfeln der Alpen ein ebenso
dramatisches Naturschauspiel

UNSER STAR

PILATUS

27

HIMMELS-
GLÜCK

Bergstation auf dem
PILATUS mit Blick über
den Vierwaldstättersee

PILATUS

Der Luzerner Hausberg Pilatus ist sagenumwoben. Bei gutem Wetter bestaunt man die unglaubliche Aussicht auf 73 Alpengipfel. Zwar wird die steilste Zahnradbahn der Welt (gebaut 1889, bis zu 48 Prozent Steigung) bis 2023 renoviert – auf den Pilatus kommt man trotzdem: mit der Gondel. Zu Fuß geht's sportlich in knapp fünf Stunden ab Alpnachstad. Tipp: Übernachten Sie in einem der beiden Hotels auf dem Pilatus. Dramatisches Naturschauspiel garantiert.

Pilatus / Emmentaler Alpen / Anfahrt: Zahnradbahn (ab Alpnachstad), Gondelseilbahn (ab Kriens), Luftseilbahn (ab Fräkmüntegg); Fahrpläne online / Preise: ★★★☆☆ / pilatus.ch

28 NAPF

Ein herrliches Wander- und Radfahrgebiet mit 25 Kilometern Durchmesser befindet sich rund um den Napf. Über seinen Bergrücken verläuft die Grenze zwischen der UNESCO-Biosphäre Entlebuch und dem Emmental. Auf dem Bergkamm, der sich vom Farnli-Esel bis zum Hengst zieht, entspringen Bäche, deren Wasserströme Gold mit sich führen. Ein Guide weist in den Umgang mit der Goldwaschpfanne ein (goldsuchen.ch).

VOM ESEL
ZUM HENGST

Familienspaß:
Goldwaschen
bei Dallenwil

Herrliche Aussichten
genießt man auf dem
Bergrücken vom NAPF

Napfbergland / Emmentaler Alpen / emmental.ch

Murmeltiere, Adler, Gämsen, Steinböcke und mehr kann man beobachten

29

NATIONALPARK SCHWEIZ

Hier spielt die Natur auf 170 Quadratkilometern die Hauptrolle: 80 Kilometer Wanderwege, Lehrpfade, Familienexkursionen. Der ältester Nationalpark der Alpen wurde 1914 gegründet. Das hochmoderne Besucherzentrum ist ein Highlight. Besonders beliebt: der Kinderpfad mit der GPS-App iWebpark.

Schweizerischer Nationalpark / Urtatsch 2, 7530 Zernez / Variable Öffnungszeiten; bitte aktuell online schauen
Preise: ★ ☆ ☆ ☆ ☆ / nationalpark.ch

Eintauchen in die (fast) unberührte Natur

DEM HIRSCH
AUF DER SPUR

30 WEINTERRASSEN VON LAVAUX

REBHÄNGE &
KULTUR

Sonnenverwöhntes Winzerdorf: Saint-Saphorin

Die 805 Hektar großen Weinterrassen von Lavaux sind UNESCO-Weltkulturerbe. Das Genuss-Wandergebiet zwischen Lausanne und Vevey bietet interessante Lehrpfade und Traumaussichten auf See und Alpen. Tipp: das Charlie-Chaplin-Museum (chaplinsworld.com/de) und die Design-Villa „Le Lac" von Corbusier (villalelac.ch).

Weinterrassen von Lavaux / Nordost-Ufer Genfersee / lavaux-unesco.ch

WAS DIE NATUR
ÜBER UNS VERRÄT

Sie ist Abenteurerin aus Leidenschaft! Evelyne Binsack – Berufsbergführerin, Helikopterpilotin, Bestsellerautorin und eine der weltbesten Extremsportlerinnen. Hier erklärt Binsack, warum sie die Natur als Spiegel und großen Lehrmeister betrachtet …

Wollen Sie die Natur „bezwingen"?
Die gesamte Natur ist auf Kooperation ausgerichtet. Wer dieses Grundprinzip nicht versteht, kommt früher oder später von der Tour abends nicht mehr nach Hause.

Ihre Glücksmomente?
Es ist nicht nur die Ankunft auf dem Gipfel des Mount Everest als erste Schweizerin oder das Erreichen des Südpols nach 484 oder des Nordpols nach 105 Expeditionstagen. Es sind auch die unscheinbar scheinenden Momente des Glücks in der Natur.

Evelyne Binsack, Schweizer Extremsportlerin

Was bedeutet Ihnen die Natur?
Das Gleiche, was für den Fisch das Wasser bedeutet.

Was verrät einem die Natur über die eigene Natur?
Die eigenen Stärken. Und auch unverblümt die eigenen Schwächen. Dabei geht es nicht nur um körperliche Schwächen, sondern auch um mentale Schwächen. Wenn jemand unter dem Druck der Natur zerbricht, sei es wegen eines zu heftigen Sturmes, wegen einer zu langen Distanz, wegen einer zu hohen Schwierigkeit am Berg, hat er sich selbst überschätzt. Die Natur ist, was sie ist. Sie ist einfach und das gemäß ihrer Natur.

Was hat Sie die Natur gelehrt?
Bescheidenheit, mentale und physische Stärke, Durchhaltewille, Vorsicht, analytisches Denken, Gespür, Schauen, Hören, Fühlen, Entscheidungsstärke, rechtzeitiger Rückzug, Siegeswille, Staunen, Freuen, Weinen, Umgang mit Sieg und Niederlage, Klarheit, Respekt und vieles mehr.

Mental und körperlich kraftvoll: Evelyne Binsack

MAGIE *der Natur*

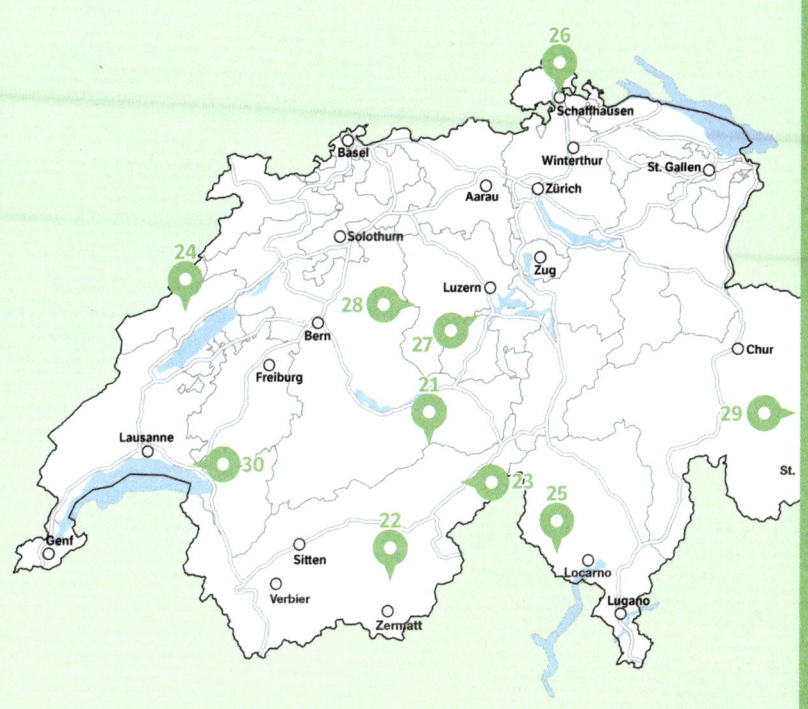

Das Auge genießt mit: Schön wie ein Gemälde ist auch diese Kreation aus dem zweifach sternegekrönten Restaurant SENS im Vitznauer Hof am Vierwaldstättersee. Saisonale regionale Produkte werden in filigrane Kunstwerke verwandelt

AUSGEZEICHNET
angerichtet

Schweizer Spitzenküche mit Prädikat

HIER KEHRT GOTT FRANKREICH DEN RÜCKEN:
Gaumenfreuden und Augenschmaus vereinen sich zu
einem Fest der Sinne. Am Herd stehen Künstlerinnen
und Künstler, die agieren wie ein Magier mit dem
Zauberstab. Wir verraten Ihnen, wo Sie nicht nur fein
dinieren, sondern auch entzückt staunen werden

Tradtionelle
Gourmet-Adresse:
das HOTEL DE VILLE

HÔTEL DE VILLE

Einmalig ist dieser Gourmet-Tempel, der 1994 erstmals drei Michelin-Sterne erhielt und zu den Top Ten der Welt gehört. Chef Franck Giovannini ist der vierte Spitzenkoch, der den Ruhm des Hotel de Ville begründet. Das Team von 58 Mitarbeitern – darunter 25 Köche – setzt alles daran, die Gäste glücklich zu machen. Giovannini legt Wert auf klassische Zubereitung, und die Grundprodukte werden maximal aus den angrenzenden Ländern bezogen. Schweizer Exzellenz!

Restaurant de l'Hôtel de Ville
Rue d'Yverdon 1, 1023 Crissier
Empfang der Gäste Di-Sa 12-13, 19-20.30 Uhr
Preise: ★★★★★ / restaurantcrissier.com

Chef Franck
Giovannini

HAUTE *CUISINE*

Kunstvoll:
geometrische Anordnung

31

Entenleber
mit Äpfeln
und Roter
Bete auf
Marsanne

SENS IM HOTEL VITZNAUERHOF

Der junge Wilde Jeroen Achtien und sein Team kultivieren eine von Fermentation geprägte Küche auf höchstem Niveau. Seine Fans nehmen schon mal einen Umweg in Kauf, um im Restaurant Sens eine genussvolle Pause einzulegen. Zu schön ist das elegante Setting am Ufer des Vierwaldstättersees und die avantgardistische Präsentation der Gerichte. Die Menüs widmen sich saisonal-regionaler Küche mit ganz besonderer Raffinesse. Unvergleichlich ist auch die Weinkarte des Zwei-Sterne-Restaurants.

Restaurant SENS – Hotel Vitznauerhof
Seestraße 18, 6354 Vitznau
Mi-Sa ab 19 Uhr, Sa Lunch ab 12 Uhr
Preise: ★★★★ / vitznauerhof.ch

32

Hier können Sie traumhaft am Wasser tafeln

SPEISEN
AM SEEUFER

33

FLEISCH-
LOS

Hübsches Ambiente für vegetarische Genüsse in Zürich

RESTAURANT HAUS HILTL

Haus Hiltl
Sihlstraße 28, 8001 Zürich
Di-Fr 11-14, Sa 11-16 Uhr
Preise: ★★★★★ / hiltl.ch

Feinste Küche kann auch vegetarisch sein. Ein Star am Himmel der fleischlosen Genüsse ist das Haus Hiltl mit seinen diversen Filialen. Es kann auf eine lange Tradition zurückblicken, denn gegründet wurde es schon 1898 – als Vegetarierheim und Abstinenz-Café. Zum hundertjährigen Jubiläum im Jahr 1998 übernahm Gründer-Urenkel Rolf Hiltl das Haus Hiltl, das schon damals 1200 Gäste pro Tag und einen Jahresumsatz von über zehn Millionen Franken hatte. Tipp: das (natürlich vegetarische) Tatar aus Auberginen, Okara und Gewürzen.

34

Über den Dächern von St. Gallen: das EINSTEIN GOURMET

MOI CECI ICI VOIS

Kunstvolle Verführung auf dem Teller

Liebe fürs Detail: Executive Chef Sebastian Zier

EINSTEIN GOURMET

Zwei Michelin-Sterne und 18 Gault-Millau-Punkte locken im Einstein Gourmet über den Dächern von St. Gallen. Spitzenkoch Sebastian Zier legt besonders viel Wert auf die Details seiner klassischen französischen Haute Cuisine. Tipp: Gönnen Sie sich zum Gourmet-Dinner gleich noch eine Nacht im dazugehörigen wunderschönen 4-Sterne-Superior-Hotel mit Fitness- und Wellnessbereich, Bistro und Bar.

DAS AUGE *ISST MIT*

Einstein Gourmet – Einstein St. Gallen / Berneggstraße 2, 9000 St. Gallen / Mi-Sa 18-22 Uhr / Preise: ★★★★★ / einstein.ch

KITCHEN-*PARTY*

Die traditionsreiche Gaststube zeugt von der langen Historie des Restaurants

Taverne zum Schäfli
Oberdorfstraße 8, 8556 Wigoltingen
Mi-Sa 11.30-14, Di-Sa ab 18.30 Uhr
Preise: ★★★★★
schaefli-wigoltingen.ch

TAVERNE ZUM SCHÄFLI

35

Christian Kuchler führt die mit 18 Gault-Millau-Punkten und zwei Michelin-Sternen dotierte Taverne zum Schäfli – inspiriert von seinen weltweiten Wanderjahren. Neu interpretiert entstehen Kreationen, die ihren Ursprung an den unterschiedlichsten Orten der Welt haben. Legendär ist die Kitchen-Party im historischen Fachwerkhaus, wenn weitere sternedekorierte Köche zusammen kochen.

SCHLOSS SCHAUENSTEIN

36

Fürstlich aufgetragen wird auf Schloss Schauenstein in Graubünden, das Hotel und Restaurant zugleich ist. 19 Gault-Millau-Punkte, drei Michelin-Sterne und die Auszeichnung als bestes Lokal Europas. Gourmets lieben die hohe Kunst von Chef Andreas Caminada. Der hat im selben Ort zwei weitere Restaurants eröffnet. Bodenständig: die Casa Caminada (casacamina-da.com) und rein vegetarisch das OZ (oz-restaurant.com)

Imposant: der Park von SCHLOSS SCHAUENSTEIN

HOHE *KOCHKUNST*

Schloss Schauenstein / Schlossgass 77, 7414 Fürstenau / Do-So ab 12, Mi-So ab 19 Uhr
Preise: ★★★★★ / schauenstein.ch

LA TABLE DU LAUSANNE PALACE

37

Das exklusivste der Restaurants im Grand Hotel Lausanne Palace ist unter dem jungen Koch Franck Pelux zum Star der Gourmet-Szene am Genfer See avanciert. Serviert wird französische Küche im modernen Stil. Der Blick auf See und Savoyer Alpen krönt den Gaumengenuss. Tipp: Business-Menü testen: drei Gänge für 84 Euro pro Person.

Lokale Produkte, exzellent serviert

La Table du Lausanne Palace
Rue du Grand Chêne 7-9, 1002 Lausanne
Mi-Sa 12-13, 19-20 Uhr
Preise: ★★★★★
lausanne-palace.ch

HIER WILL *MAN TAFELN*

Dream-Team: Franck Pelux und Sarah Benahmed

Im Restaurant SONNE SCHEUNEN-
BERG in Wengi nahe Bern verwöhnen
Kurt Mösching und sein Team die Gäste. Unter anderem mit einer Bistrokarte, die vom Michelin-Guide wegen des
hervorragenden Preis-Leistungs-Ver-
hältnisses mit dem Prädikat „Bib Gour-
mand" ausgezeichnet wurde

UNSER STAR

SONNE
SCHEUNENBERG

EIN HAUCH VON *FRANKREICH*

38

Gemütlich: die Gaststube in der SONNE SCHEUNENBERG

Im Sommer lässt es sich schön unter den Bäumen speisen

SONNE SCHEUNENBERG

Biel, Bern, Solothurn – das ist das Einzugsgebiet des wunderschönen Gasthauses Sonne Scheunenberg (17 Gault-Millau-Punkte, ein Michelin-Stern). Chef Kurt Mösching und Frau Iris sind ein eingespieltes Team. Die Küche ist französisch inspiriert, verwendet werden überwiegend regionale Produkte. Neben der feinen Gourmetkarte mit dem Sonne-Menü gibt es die Bistrokarte. Hier findet sich auch eine Berner Spezialität: Hobelkäse aus dem Saanenland mit Bauernschinken.

Restaurant Sonne Scheunenberg / 3251 Wengi bei Büren / Mi, Do 11.30-15, 18.30-23.30 Uhr; Fr 11.30-15, 17.30-23.30 Uhr; Sa 18.30-23.30 Uhr; So 11.30-21 Uhr
Preise: ★★★★★ / sonne-scheunenberg.ch

AUS DER *HEXENKÜCHE*

39 GASTHOF RÖSSLI

Im RÖSSLI werden Delikatessen aus der Natur geboten, wie hier die Heusuppe

Wiese, Wald und Wasser liefern die Grundlagen für die alchemistisch-kreative Landküche im Gasthof Rössli (17 Gault-Millau-Punkte, ein Michelin-Stern) in der Region der UNESCO-Biosphäre Entlebuch bei Bern. Versprochen: Stefan Wiesner, auch liebevoll „der Hexer" genannt, wird Sie wirklich überraschen. Da wären Heusuppe, mit Blattgold verzierte Hausmacherwürste oder geeiste Steinrosenblüten. Zum Acht-Gang-Menü werden von Wiesner ausschließlich Schweizer Weine kredenzt.

Gasthof Rössli / Hauptstraße 111, 6182 Escholzmatt-Marbach
Do-Sa 18-23, So 11-18 Uhr
Preise: ★★★★★ / stefanwiesner.ch

STUCKI 40

Spitzenköchin Tanja Grandits mit Stucki-Logo auf der Schürze

„Essen soll vor allem Spaß machen", verrät Tanja Grandits, die 2020 vom Gastroführer Gault Millau zum „Koch des Jahres" gekürt wurde und TV-Kochshow-Fans aus „Kitchen Impossible" (VOX) bekannt ist. Im Basler Restaurant Stucki (19 Gault-Millau-Punkte, zwei Michelin-Sterne) zaubert sie sich mit ihren hervorragenden Speisen in die Herzen der Genießer. Highlight: das neungängige Aroma-Menü. Tipp für Gourmet-Einsteiger: die Lunchkarte mit dem günstigeren Menü ab drei Gängen.

Restaurant Stucki / Bruderholzallee 42, 4059 Basel / Di-Sa 12-13.30, 18.30-21.30 Uhr / Preise: ★★★★★ / tanjagrandits.ch

Lichtdurchflutet sind die Räume im Restaurant

GOURMET-
PARADIES

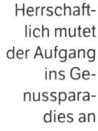

Herrschaftlich mutet der Aufgang ins Genussparadies an

BUNTE *PROMI-TIPP:*

„Das Restaurant Cheval Blanc von Peter Knogl im Grand Hotel Les Trois Rois hat eine hervorragende Sterneküche und eine ganz tolle Bar mit Terrasse, die einen traumhaften Blick auf den Rhein freigibt. Wirklich wunderschön! Auch, um einfach nur einen Apéro nach der Arbeit zu sich zu nehmen."

MARISA BURGER
SCHAUSPIELERIN

DAS GEHEIMREZEPT
FÜR DEN GENUSS

Mit nur 23 Jahren war Meta Hiltebrand jüngste Küchenchefin der Schweiz, in Deutschland ist sie bekannt aus TV-Shows wie „Die Küchenschlacht", „Grill den Henssler" oder „Kitchen Impossible". Hier verrät die Fernsehköchin ihre Genussformel.

Wie geht denn eigentlich Genießen?

Genuss – ein riesengroßes Wort, das viel mehr beinhaltet als nur Essen. Um Genuss vollkommen zu machen, müssen alle Sinne angesprochen werden: das Auge, die Nase und der Mund, sprich der Gaumen. Farben, Säure, Süße und Konsistenz – alles zählt. Wenn das Zusammenspiel stimmt, ist es ein Erlebnis und kann richtige Glücksgefühle generieren.

Gibt es ein Schweizer Genuss-Gen?

Die Schweiz hat so viel zu bieten. Nicht nur Schokolade, Käse, Berge, Seen, Städte – wir sind reich beschenkt mit Qualität und Luxus. Es gibt alles, was das Herz begehrt. Gut, wir haben weder Meer noch Strand, aber gerade kulinarisch haben wir eine Multikulti-Food-Geschichte. Man merkt den französischen Einfluss, aber auch den italienischen, und in der Deutschschweiz ist fast alles möglich. Jede Region lädt ein

zu Genuss für jedes Portemonnaie.

Bedeutet Genießen erfüllte Erwartungen oder Überraschung?

Überraschen ist gar nicht mehr so einfach, denn es gibt so Vieles, was man im riesigen, bereits vorhandenen Angebot findet, und die Welt neu zu erfinden, fällt nun mal nicht leicht. Um erfolgreich zu sein, braucht es weit mehr als nur gutes Essen. Es braucht Ambiente, dazu gehört auch das Licht und freundliches, fachkundiges Personal. Dazu eine aufregende und vielseitige Wein- und Speisekarte, ein erkennbares Food-Konzept, das zugleich überraschend und gut verständlich ist. Der Mensch ist hungrig nach Storys und Geschichten, aber zugleich auch immer Meinungsmacher und Kritiker. Je nach Tag und Laune ist er leichter zu begeistern und manchmal eben weniger.

Genuss-Expertin: TV-Star-Köchin Meta Hiltebrand

STERNE-*Restaurants*

31 RESTAURANT DE L'HÔTEL DE VILLE Crissier / 32 RESTAURANT SENS – HOTEL VITZNAUERHOF Vitznau / 33 HAUS HILTL Zürich / 34 EINSTEIN GOURMET – EINSTEIN ST. GALLEN St. Gallen / 35 TAVERNE ZUM SCHÄFLI Wigoltingen / 36 SCHLOSS SCHAUENSTEIN Fürstenau / 37 LA TABLE DU LAUSANNE PALACE Lausanne / 38 RESTAURANT SONNE SCHEUNENBERG Wengi bei Büren / 39 GASTHOF RÖSSLI Escholzmatt-Marbach / 40 RESTAURANT STUCKI Basel

1

2

3

HOCHKARÄTIG BESETZT: Prominente aus
der ganzen Welt kommen gern zu den
hochkarätigen Schweizer Events.
1: Karolína Kurková bei IWC Schaffhausen
in Genf. **2:** Julien und Vito Schnabel bei der
Eröffnung ihrer Galerie in St. Moritz.
3: Grimaldi-Schönheit Charlotte Casiraghi
in St. Moritz. **4:** Oscarpreisträgerin Juliette
Binoche beim Zurich Film Festival.
5: Die Schauspieler Elyas M'Barek und Moritz Bleibtreu bei IWC Schaffhausen in Genf.
6: Rolf Sachs mit Mafalda von Hessen zu
Besuch auf der Art Basel

PROMI-
Watching

Very important places

GLANZ UND GLORIA: Hier trifft sich, was Rang und Namen hat – und wer sehen und natürlich gesehen werden will, sorgt sich um einen Platz am roten Teppich. Was aber wirklich zählt, ist der Glamour-Faktor, und den kann man auch genießen, wenn gerade nicht der ganz große Rummel ist. Also: Augen auf!

Die goldene Krone an der Fassade des Restaurants

ZWEITE *HEIMAT*

Ein historisches Gasthaus mit großen Kunstwerken

KRONENHALLE

Für viele ist die Kronenhalle wie ein zweites Zuhause. Man trifft sich an der Bar, schwebt dann hinüber in die lebhafte Brasserie, in den Chagall-Saal oder in die Schweizer Galerie. An den Wänden Kunstwerke von Picasso, Miró oder eben Chagall, auf dem Teller traditionelle Schweizer Küche! Gäste: früher Coco Chanel, Yves Saint Laurent, heute Stars wie Boris Becker, Charles Graf von Faber-Castell, Prinzessin Michael of Kent. BUNTE-Tipp: das geschnetzelte Kalbfleisch mit Rösti!

Kronenhalle / Rämistraße 4, 8001 Zürich / Preise: ★★★★★ / kronenhalle.ch

Stylisch zu jeder Jahreszeit: die Sonnenterrasse mit Matterhornblick

CHAMPAGNER & *MATTERHORN*

Gastgeber: Ex-Skirennfahrer Elia Zurbriggen und Frau Loredana

@PARADISE

Im Zermatter Ortsteil Findeln (rund 100 Einwohner, 2130 Meter Höhe) ist der „place to be". Neben der urigen Luxusbeiz Chez Vrony (Gäste u. a. Manuel Neuer, Claudia Schiffer, Paul McCartney) lassen sich jetzt die jungen Genießer im @paradise, der neuen „Filiale" von Chez Vrony, verwöhnen. Walliser Gastlichkeit wird neu interpretiert mit Bowls, herrlichen Käse-Fondues, dem Spicy Alpen Egli Hotpot und auch Süßem, wie beispielsweise dem Paradise Schmarrn. Ob Znüni, Zmittag oder Zvieri – Geschmack kennt keine Uhrzeit.

@Paradise
Findeln,
3920 Zermatt
Preise: ★★★★★
paradisezermatt.ch

Sein Coiffeur-Unternehmen zählt zu den „Leading Salons of the World" und residiert im Weißen Schloss: Charles Aellen. Paris Hilton gehört zu seinen Kunden, ebenso TV-Stars, Blogger und Models. Seine wohl berühmteste Kundin ist Charlène von Monaco. Wer sich im exquisiten Umfeld frisieren lässt, nimmt sich Zeit, genießt die Atmosphäre des historischen Bauwerks und wird vom Charles-Aellen-Team verwöhnt. Ziel: ein gutes Lebensgefühl zu spüren.

CHARLES AELLEN

Charles Aellen Company / Tödistraße 1, 8002 Zürich
Preise: ★★★★★ / charlesaellencompany.com

43

Reichlich Raum für Ruhe: Im historischen Weißen Schloß in Zürich – das lieben die Kunden

Paris Hilton zählt zu den Fans von Charles Aellen

HIMMLISCHE *ATMOSPHÄRE*

44

Moderner Chalet-Stil mit viel Holz: THE CHEDI ANDERMATT

THE CHEDI

Ein abgelegenes Tal kurz vor der Grenze zu Italien wählte Hotel-Investor Samih Sawiris (El-Gouna-Resort, FTI) für den Bau dieses Luxushotels im Chalet-Stil mit Zen-Design und Öko-Anspruch. Schauspieler Hannes Jaennicke liebt Hotel und Tal zu jeder Jahreszeit. Dessen Kollegen Heio von Stetten, Mark Keller – mit Söhnen Aaron und Joshua –, sowie Götz Otto und Frau waren auch schon da. Service rundum! Für Autoverrückte wird sogar in der Tiefgarage eine lange weiße Tafel zum Dinieren vor den Luxusfahrzeugen aufgebaut.

ÖKO-*GENUSS*

Am offenen Feuer trifft man sich am Abend auf ein Glas Champagner

Luxus-Dinner in der Tiefgarage

The Chedi Andermatt
Gotthardstraße 4,
6490 Andermatt
Preise: ★★★★★
thechediandermatt.com

45

GOLF & PANORAMA

Justin Timberlake beim Golfturnier Omega European Masters

Ganz oben: der GOLF CLUB CRANS-SUR-SIERRE mit Fernblick

CRANS-SUR-SIERRE

Golf Club Crans-sur-Sierre
Rue du Prado 20,
3963 Crans-Montana
Preise: ★★★★
golfcrans.ch

Auf einem Hochplateau in Crans-Montana liegen drei Parcours, zu denen Top-Golfspieler aus der ganzen Welt pilgern. Der Club ist eine der ältesten Anlagen der Schweiz. Zum Turnier Omega European Masters (Siegerpreisgeld 416 660 Euro) trifft sich die Weltspitze. Zur Freude der Zuschauer spielen aber auch VIPs für den guten Zweck – bei den Omega Celebrity Masters.

WHITE TURF POLO TURNIER

Sobald der St. Moritzersee zugefroren ist, ist das die Grundlage für eines der großen Rennsport-Ereignisse im Winter. An drei Sonntagen im Februar strömen über 30 000 Zuschauer auf den See, um Pferdesport, Events und mehr zu erleben. „Viva, auf das Leben", sagt man in den Engadiner Bergen und VIPs wie Lapo Elkann, Karl Friedrich Fürst von Hohenzollern, Galerist Thaddaeus Ropac, Luziah Hennessy, Charlene de Carvalho-Heineken sind vor Ort.

Vor der Kulisse des berühmten Badrutt's Palace Hotels liegt der zugefrorene See

47

PERLE IM
BERNER OBERLAND

GSTAAD PALACE

Über dem historischen Dörfchen thront das Hotel GSTAAD PALACE

46

Seit drei Generationen liest Gastgeberfamilie Scherz auch prominenten Gästen Wünsche von den Augen ab. Aus der ganzen Welt kamen schon Könige und Prinzessinnen, um sich im Hotel Gstaad Palace verwöhnen zu lassen. Filmstars wie John Travolta, Isabelle Adjani oder Adrien Brody logieren dort. Wer in Gstaad spazieren geht, trifft immer wieder auf VIPs, die zwischen Piste und Wellnessbereich mal kurz shoppen wollen. Man muss die winterlich eingemummelten Herrschaften nur wiedererkennen. Tipp: auf einen Apéro an der Lobby-Bar des Hotels vorbeischauen …

Gstaad Palace / Palacestraße 28, 3780 Gstaad / Preise: ★★★★★ / palace.ch

PROMI-WATCHING

POLO & MEHR AUF EIS

Die besten Jockeys der Welt kämpfen beim Polo um Punkte

Rennverein St. Moritz – White Turf / Via Serlas 23, 7500 St. Moritz / Preise: ★★★★★ / whiteturf.ch

Sehen und gesehen werden: Die ART BASEL ist ein Ort für Gespräche – und bietet Gesprächsstoff. Mal People, mal Kunst wie 2019 die dreieinhalb Meter hohe Edelstahlskulptur „Sacred Heart" von Jeff Koons am Stand der Gagosian Gallery. Wert: 14,5 Millionen Dollar

BAR LES TROIS ROIS

Zugegeben: Die Location allein ist zu jeder Zeit ein Besuch wert. Ein atemberaubendes 5-Sterne-Grandhotel direkt am Rhein im Herzen von Basel. In der Bar Les Trois Rois gibt's tagsüber feine Kaffee- und Teespezialitäten und High-Tea. Am Abend ist Barkeeper Thomas Huhn der König und kredenzt feinste Cocktails. Die genießen auch Stars wie Galerist Vito Schnabel, Moderator Max Loong mit seiner bezaubernden Frau Sepideh und Sascha Moeri, CEO von Carl. F. Bucherer.

Bar Les Trois Rois
Blumenrain 8, 4001 Basel
Preise: ★★★★☆ / lestroisrois.com

Klassiker: die BAR LES TROIS ROIS in Basel

GENIALE *LAGE*

48

Max Loong mit Frau Sepideh

GLAMOUR *& GLORIA*

Von überall genießt man den grandiosen Blick auf den See

BÜRGENSTOCK

Der Schweizer Berg über dem Vierwaldstättersee könnte viele Geschichten erzählen! Stars wie Audrey Hepburn, Rod Stewart, Sophia Loren oder Sean Connery waren da, dazu Politiker und Wirtschaftsgrößen wie Katars Scheich Nawaf bin Jassim bin Jabor Al-Thani (Resort-Besitzer), Ernst Tanner (Lindt & Sprüngli) oder Yannick Jenni (Omega). Seit der Eröffnung des neuen Bürgenstock Resort Lake Lucerne kommen Gäste aus der ganzen Welt, um hier ihren luxuriösen Urlaub zu verbringen. Übrigens: Der Besuch im interaktiven Museum über die rund 150-jährige Hotelgeschichte ist gratis für alle. Und: Das Day Spa ist einfach umwerfend.

Bürgenstock Resort Lake Lucerne
6363 Obbürgen
Preise: ★★★★★
burgenstockresort.com

49

Wie ein riesiger Balkon hängt der Infinity Pool über dem Abgrund

DIE MUTTER
DER MESSEN

ART BASEL

Scharen von Kunstliebhabern pilgern alljährlich zur Art Basel, der Mutter der großen Kunstmessen in Miami und Hongkong. Gerade ist die internationale Kunstmesse 50 Jahre alt geworden. Schauspieler wie Brad Pitt, große Sammler wie Nicolas Berggruen, bedeutende Galeristen wie Thaddaeus Ropac und Künstler aus aller Welt fluten die Hallen, Galerien und Ausstellungsräume. Besonders bei den Private Days, zu denen man nur auf Einladung Einlass erhält, sind die Stars der Szene unterwegs.

Art Basel / Messeplatz 10, 4058 Basel / Preise: ★★★★☆ artbasel.com

☆ | **TOP 100**

Kunstwerk von Cosina von Bonin auf der Messe im Jahr 2019

50

Treffpunkt für Kunstliebhaber aus aller Welt: die ART BASEL

Art | Basel

BUNTE *PROMI-TIPP:*

„Cool ist das Fitnessstudio Balboa mit dem Coffeeshop Roots in Zürich. Dort liebe ich das vegane Essen – und ich treffe Gleichgesinnte. Ein ‚place to be' für alle, die ihrem Körper etwas Gutes tun wollen."

ZOË PASTELLE
BLOGGERIN

TINA TURNER
LIEBT DIE SCHWEIZ

Hier erklärt die 81-jährige Rockröhre, wie sie am Zürichsee mit ihrem deutschen Ehemann Erwin Bach eine neue Heimat gefunden hat und was ihr an den Eidgenossen gefällt.

„Ich bin vor 26 Jahren in die Schweiz gezogen. Mein Mann Erwin hatte ein Jobangebot in Zürich, und ich bin ihm gefolgt. Im Rückblick lässt sich heute sagen: Es war die absolut richtige Entscheidung.

Zu Beginn wussten wir ja nicht, wie lange wir bleiben würden. Aber schon nach kurzer Zeit wurde uns mit jedem Tag ein bisschen mehr klar, dass dies unser neues Zuhause werden könnte. Und zwar für länger. Na ja, der Rest ist Geschichte.

Mittlerweile habe ich sogar die Schweizer Staatsbürgerschaft angenommen und fühle mich sehr heimisch. Ich kann zwar immer noch nicht richtig ‚Grüezi' sagen, aber ich genieße die Ruhe in meinem Zuhause in der Schweiz.

Hier respektiert man meine Privatsphäre, und ich kann mich frei bewegen. Am liebsten widme ich mich meinen Blumen im Garten, der direkt am herrlichen Zürichsee liegt. Dort verbringe ich gern viele Stunden. Wenn ich ehrlich bin: Genauso habe ich mir mein Leben erträumt. Ich bin zufrieden und glücklich. Ja, ich liebe mein Leben in der Schweiz."

Dream-Team: Tina Turner und Ehemann Erwin Bach

Der Zürichsee ist die Wahlheimat von Superstar Tina Turner

PROMI-*Watching*

41 KRONENHALLE Zürich / 42 @PARADISE Zermatt / 43 CHARLES AELLEN
COMPANY Zürich / 44 THE CHEDI ANDERMATT Andermatt / 45 GOLF CLUB
CRANS-SUR-SIERRE Crans-Montana / 46 GSTAAD PALACE Gstaad
47 RENNVEREIN ST. MORITZ – WHITE TURF St. Moritz / 48 BAR LES TROIS
ROIS Basel / 49 BÜRGENSTOCK RESORT LAKE LUCERNE Obbürgen
50 ART BASEL Basel

Spirituell und zeitlos: Die 7132
THERME VALS wurde von Architekt Peter Zumthor wie ein Tempel
gebaut. Das Bad soll an einen
Steinbruch erinnern. Für die Ummantelung wurden 60 000 Stein-
platten aus Valser Quarzit verbaut.
Die Therme diente Janet Jackson
1998 als Kulisse fürs Musikvideo
zum Song „Every Time"

KÖRPER,
Geist &
Seelenheil

Die Gipfel für Sport und Entspannung

EIN MEER HAT DIE SCHWEIZ NICHT, aber eine atemberaubend schöne Bergkette, die das Land in Alpennord- und Alpensüdseite teilt. Auf beiden Seiten entspringen gesundheitsfördernde Quellen, es gibt unglaublich malerischee Seen und tolle Sportmöglich-keiten. Möchten Sie aktiv sein oder lieber entspannen? Hier findet wirklich jeder sein Paradies!

O SOLE
MIO

Mystische
Beleuch-
tung in der
Saunawelt

TERMALI SALINI & SPA

51

Termali Salini & Spa Locarno
Via Gioacchino Respini 7,
6600 Locarno
Preise: ★★★☆☆
termali-salini.ch

Es muss nicht Palmenstrand und Meer sein. Hier wird in Natursole geplätschert: Entspannung pur in der Badelandschaft im Termali Salini & Spa Locarno, das auf zwei Etagen das ultimative Wasservergnügen bietet. Grotten unter Kaskaden, die Saunawelt (am Dienstag den Damen vorbehalten) oder der Außenbereich mit fantastischer Aussicht auf die Tessiner Bergwelt locken neben privat reservierbaren Spas. Tipp: Im Wellness-Paradies von Massageprofis verwöhnen lassen.

AUF &
DAVOS

52

Größte Stadt der
Alpen: Davos

Ein echter Davo-
ser Schlitten ist
eine Investition
fürs Leben

DAVOS KLOSTERS

Davos ist Schauplatz des jährlichen Weltwirtschaftsforums mit Spitzenpolitikern und Business-Größen – und Promi-Hotspot für Sport und Freizeit: Das Skigebiet Davos Klosters lockt mit 300 Kilometern Skipisten, 100 Kilometern klassischen Loipen, 150 Kilometern Schneeschuh- und Wanderwegen; VIPs wie Prinz Charles, William und Kate sowie Regisseur Marc Forster lieben es. Ski-Pionier Tobias Branger erfand hier 1888 übrigens den legendären Davoser Schlitten (wird heute noch produziert, ardueserschreinerei.ch). Brillant in Davos: Nachtleben und Gastronomie.

Destination Davos Klosters, Tourismus- und Sportzentrum
Talstraße 41, 7270 Davos / Preise: ★★★★☆ / davos.ch

SOMMER-
SKI-SPASS

53

Highlight für Freestyler: der Snowpark in Zermatt

ZERMATT

Wer auf den Skisport im Sommer nicht verzichten mag: Auf dem Theodulgletscher am 3883 Meter hohen Klein Matterhorn und ist das auch dann möglich. Das größte Sommerskigebiet Europas wartet mit 21 Pistenkilometern und dem Snowpark Zermatt für Freestyle-Fans. Auch 100 Ski-Teams aus 22 Nationen trainieren hier weiter.

Zermatt Tourismus / Bahnhofplatz 5, 3920 Zermatt
Preise: ★★★★☆ / zermatt.ch

54

WONNE-
BAD

Nur die Kuh schaut zu, wenn in der Molke gebadet wird

ALP TURNELS

Die Alp Turnels ist seit vier Jahrzehnten die Sommerheimat von Erika und Jakob Zumstein. Bei ihnen kann man Ferien machen – und Wellness. Dann wird buchstäblich im Glück gebadet: frische Luft, der Ausblick, die hübschen Simmentaler Kühe auf den Weiden oberhalb von Gstaad. Aus der Milch wird Käse gemacht, und die dabei entstehende Molke ergibt dieses besonderes Bad im Zuber.

Alp Turnels / 3780 Gstaad
Jul-Aug / Reservierung notwendig
unter Tel. +41 79 308 08 07
Preise: ★★☆☆☆ / gstaad.ch

ERST WANDERN, *DANN BADEN*

LEUKERBAD THERME

55

Die Römer waren die ersten Badegäste: 65 Quellen sprudeln entspannend bis zu 51 Grad heiß. Zuvor können Sie sich sportlich betätigen. Auf der dramatischen Thermalquellen-Wanderung führt ein 600-Meter-Steg durch die Dalaschlucht. Nur für Profis: Der längste Klettersteig der Schweiz führt mit senkrechten Leitern auf das Daubenhorn (2942 Meter).

Badefreuden auf den Spuren der Römer in der LEUKERBAD THERME

Leukerbad Therme
Rathausstraße 32, 3954 Leukerbad
Preise: ★★★☆☆ / leukerbad.ch

SCHILTHORN

56

Berühmtheit erlangte das Schilthorn 1969 durch den Filmdreh „Im Geheimdienst Ihrer Majestät". Spektakulär: die Aussicht auf Eiger, Mönch und Jungfrau – ein Besuch im Drehrestaurant Piz Gloria ist die gemütliche Variante zur Erkundung. Top: die interaktive Bond World 007 und der „007 Walk of Fame". Mit Nervenkitzel: der „Skyline Walk" und der „Thrill Walk".

Schilthorn
Piz Gloria, 3825 Mürren
Geöffnet während der Betriebszeiten der Schilthornbahn / Preise: ★★★★☆
schilthorn.ch

Sensationsblick auf Eiger, Mönch und Jungfrau

ES GRÜSST *JAMES BOND*

57

**FILM-
*REIF***

Für Mutige:
Sprung aus
220 Metern
Höhe ins Tal

GOLDEN-EYE-
BUNGEE-JUMP

Als bester Film-Stunt aller Zeiten gilt James Bonds
Sprung von der 220 Meter hohen Verzasca-Stau-
mauer im Kinohit „GoldenEye". Sie können es nach-
machen – und von der höchsten stationären Bun-
gee-Sprunganlage der Welt den Adrenalinkick
erleben: 7,5 Sekunden freier Fall, parallel zur Staumauer. Entspannender: Der 5,5 Kilometer lange
Lago di Vogorno – wie der dortige Tessiner Spei-
chersee genannt wird – kann auf einem Rundweg
von 13 Kilometern erwandert werden.

Diga di Verzasca / Via Valle Verzasca, 6596 Gordola
Bungee-Jumping: Apr-Okt, Online-Buchung
Preise: ★ ☆ ☆ ☆ ☆ / trekking.ch

220 Meter
tief ist die
Wand der
Staumauer

UNSER STAR

TAMINA
THERME

Lackiertes Fichtenholz für 115 futuristisch anmutende Säulen – die TAMINA THERME wurde 2009 neu gebaut und gilt als eines der schönsten Thermalbäder der Schweiz. Seit über acht Jahrhunderten sprudelt die Tamina-Quelle 36,5 Grad warmes Wasser hervor. Schon Victor Hugo und Thomas Mann gingen in Bad Ragaz zur Kur

„HIERSEIN IST HERRLICH!"

Elegant: die Bade-Baukunst im Grand Resort in BAD RAGAZ

Schon Rainer Maria Rilke schwärmte von Bad Ragaz; dort wird seit 1840 dem Thermalbad gehuldigt. Heute zählt der Ort zur Spitzenklasse – Wirtschaftsbosse wie Politiker gesunden hier unerkannt. Gebadet wird in Quellen, die man zum Beispiel in der Tamina Therme (taminatherme.ch) oder im Grand Resort Bad Ragaz (resortragaz.ch) genießen kann. Die Natur macht fit dank spezieller Mineralisierung und der Temperatur von 36,5 Grad.

BAD RAGAZ

58

Bad Ragaz
Heidiland Tourismus AG
Infostelle Bad Ragaz
Am Platz 1, 7310 Bad Ragaz
Preise: ★★★☆☆
heidiland.com

BUNTE *PROMI-TIPP:*

„Ich liebe das Wasser und genieße es sehr, im Sommer am Thunersee zu sein – wenn mein Zeitplan es erlaubt. Es gibt dort wunderschöne Plätze, auch Wakeboarding ist möglich. Im Winter bin ich am liebsten in den Bergen, zum Beispiel in Zermatt. Dort fahre ich Ski oder entspanne mich."

LUCA HÄNNI
SÄNGER

59

GLACIER 3000

Im Sommer und Winter ein Erlebnis: Auf 2965 Metern empfängt die von Star-Architekt Mario Botta entworfene Bergstation die Besucher des Skigebiets Glacier 3000. Was für ein Panorama: 24 schneebedeckte Viertausender – darunter Eiger, Mönch, Jungfrau, Matterhorn, Grand Combin, Mont Blanc! Besuchen Sie auch den Peak Walk by Tissot, die welterste Hängebrücke, die zwei Gipfel verbindet, und die Eiskathedrale – eine Eisgrotte, von der Natur geformt.

Wilder Ritt: Der drei Kilometer lange Alpine Coaster düst ins Tal

Glacier 3000
Col du Pillon, 1865 Les Diablerets
Preise: ★★★★ / glacier3000.ch

SPASS GANZ *WEIT OBEN*

7132 THERME VALS

Einen Tempel für das Baderitual hat Star-Architekt Peter Zumthor designt. Viele Menschen erfahren das Bad in der 30 Grad warmen St. Petersquelle als spirituelles Erlebnis – durch Düfte, Klänge, die unterschiedlich warmen Becken und das Berühren des Natursteins (heimischer Quarzit). Übrigens: Zur Therme gehört ein 5-Sterne-Hotel mit 22 Zimmern und Suiten. Im Restaurant verwöhnt „Koch des Jahres 2022" Mitja Birlo die Gäste.

Die Architektur beeindruckt jeden Gast

7132 Therme Vals im 7132 Hotel Vals
7132 Vals / Mo-Di 11-18, Mi-So 11-20 Uhr
Preise: ★★★★ / 7132.com

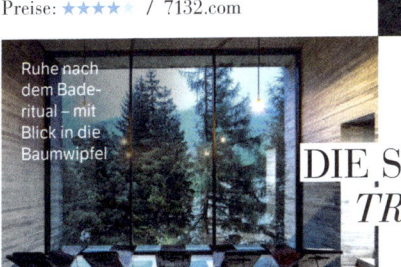

Ruhe nach dem Baderitual – mit Blick in die Baumwipfel

60

DIE SEELE *TREIBEN LASSEN*

HEINZ JULEN:
MYTHOS MATTERHORN

Heinz Julen liebt seine Heimatstadt Zermatt. Wie das Matterhorn, das den Künstler, Architekten und Hotelier seit seiner Kindheit prägt. Schon damals malte er Bilder vom legendären Berg, den die Schweizer „Horn" nennen, und verkaufte sie am Wegesrand…

Mit ganzem Herzen ein Mann aus Zermatt: Heinz Julen

Wie lebt man im Schatten eines solchen Berges?
Schatten gibt es ja nur, wenn die Sonne scheint, und dann kann Schatten sehr angenehm sein, zumal wir hier im südlichsten Teil der Alpenwelt sehr oft heiße Sommertage haben. Es gibt nur einen Star in Zermatt, und das ist das Matterhorn … Das macht vieles einfacher.

Warum ist das Horn ein Mythos?
Es ist die Schönheit in Perfektion, die den Mythos ausmacht. Sicher wurde das Horn auch zum Mythos durch seine unglaubliche Geschichte bei der Erstbegehung und diesem Unglück, das weltweit für Aufsehen sorgte.

Kann es die großen Erwartungen noch erfüllen?
Bestimmt werden die Erwartungen zum größten Teil übertroffen. Was den meisten auffällt, ist, dass dieser Berg so alleine dasteht, wo doch normalerweise andere Viertausender immer in Bergformationen aneinandergereiht sind. Das macht ihn letztlich auch so einzigartig.

Wie lebt es sich in Zermatt?
Zermatt ist großartig, wenn alles boomt und läuft. Es ist auch ein Kompliment an den Ort, wenn dem so ist. Aber die meisten Zermatter haben in den Bergen eine Hütte, wo sie sich zurückziehen können. Ich fühle mich privilegiert, dass ich mein Bergatelier in Findeln habe, wohin ich mich mit meiner Familie zurückziehen kann und wo ich meine Entwürfe und Ideen in Ruhe entwickeln kann.

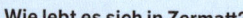

Das Werk von Heinz Julen, inklusive der Möbel: das Hotel Matterhorn Focus Design in Zermatt

Für Gäste, die Besonderes lieben: das Hotel Backstage Vernissage in Zermatt – von Heinz Julen

SPAS, SPORT, *Wellness*

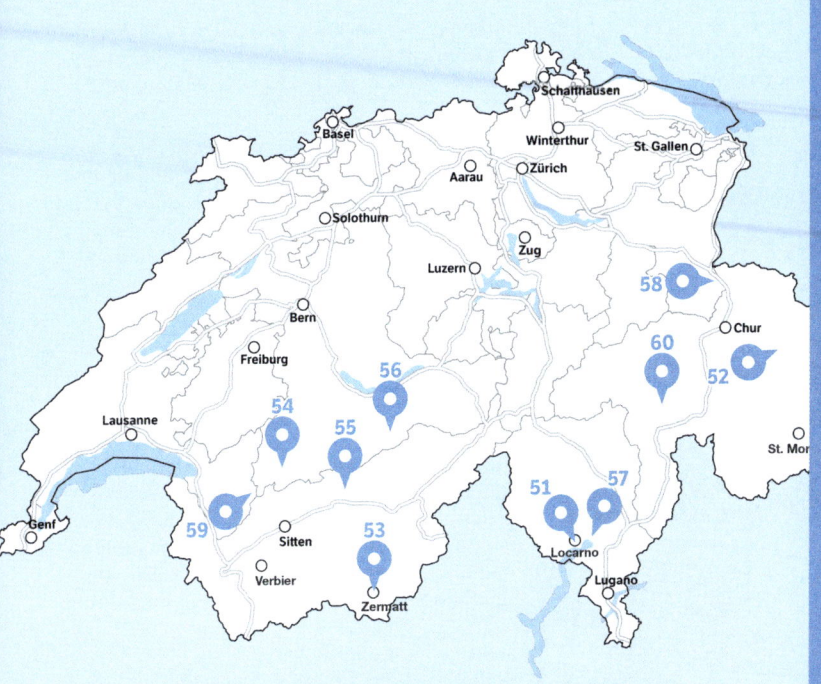

Für den coolen Durchblick sorgt die
Schweizer Marke VIU EYEWEAR– hier der
Store in Schaffhausen. Jedes Brillen-
modell wird in der Schweiz entwickelt und
in einem italienischen Familienbetrieb in
den Dolomiten und auf der japanischen
Insel Honshu handgefertigt

SWISS
Shopping

Qualität hat einen Ursprung

IN ALLE WELT werden hochwertige Produkte aus der Schweiz geliefert: Uhren und Schmuck, Fashion und Genussprodukte ... Wir haben für Sie ein paar Stores ausgewählt, die es so nur in der Schweiz gibt. Swiss made with love!

DUFT
DER BERGE

Test-Areal: Das
Parfüm-Atelier liegt
im Herzen in der
Berner Altstadt

ART OF SCENT

Sie tragen Namen wie Bergduft, Edelweiß oder blauer Enzian: die Kreationen der Berner Parfümeurin Brigitte Witschi. Sie komponiert im eigenen Atelier nicht nur Düfte, sondern bietet auch sinnliche Reisen in die Welt der Gerüche an. Dann können Sie dort Ihr eigenes Parfüm mischen. „Meine Düfte entstehen im Kopf, erst dann kommt die Nase dran", verrät die Frau mit dem Flair des Erlesenen.

61

art of scent – Swiss perfumes / Rathausgasse 49,
3011 Bern / Termin nach persönlicher Vereinbarung
Preise: ★★☆☆☆ / artofscent.ch

Feinste Düfte mit
Botschaft aus der
Schweiz

Brigitte Witschi kreiert
auf Kundenwunsch
persönliche Parfüms

CALIDA

Zum Schlafen, Trainieren und Wohlfühlen: Die Schweizer Traditionsmarke Calida legt Wert auf edles Design, hohe Qualität und Langlebigkeit sowie auf faire, umweltfreundliche, soziale Produktion. Im schicken Outlet beim Stammsitz in Oberkirch (Sursee) gibt es auch ein Calida Café. Und im Shop verführerische Dessous der Schwesternmarke Aubade.

CALIDA bietet auch coole Sport-Styles an

NACHHALTIG
SCHÖN

62

CALIDA Outlet / Bahnstraße 40, 6208 Oberkirch
Mo-Fr 9-18, Sa. 9-17 Uhr / Preise: ★★☆☆☆ / calida.com

MAISON MOLLERUS

Es begann mit einem Liebesbeweis: 1984 gründete Ernst Mollerus ein Taschenlabel und benannte es nach seiner Frau Monika. Erst später wurde daraus „Maison Mollerus". Die Liebe zum Detail und zur Handwerkskunst hält bis heute an: Die aus Canvas gefertigten Handtaschen und Gepäckstücke mit der Logoprägung werden nach Orten, Flüssen oder Bergen der Schweiz benannt. Ein schönes Stück „Wildhorn" oder „Grindelwald" für Zuhause.

HANDWERK
TRIFFT STIL

Mimi Mollerus ist seit 2011 CEO des Familienunternehmens

Liebhaber von Farbe sind hier richtig

Ausgewählte Accessoires gehören auch zum Sortiment

63

Maison Mollerus Flagship Store
Seestraße 74, 8703 Erlenbach
Mo-Do 9-17.30, Fr 9-17 Uhr
Preise: ★★★★☆ / eu.mollerus.com

Stylisch unterwegs mit Gepäck von VICTORINOX

64 VICTORINOX

Das Schweizer Taschenmesser, seit seiner Entwicklung 1897 ein Must-have unter Naturliebhabern, ist das Kernstück aller Produkte von Victorinox. Zu dem praktischen Allrounder für die Hosentasche haben sich im Laufe der Zeit außerdem Küchenmesser, Uhren, Gepäck und Parfüms gesellt. Der nächste Abenteuerurlaub (in der Schweiz) kann kommen!

Ein Schweizer Taschenmesser kann mehr als 30 Werkzeuge enthalten

Victorinox Flagship Store Zürich
Rennweg 58, 8001 Zürich
Mo-Fr 10-19, Sa 10-18 Uhr
Preise: ★★★★★ / victorinox.com

TRAGBARE *TRADITION*

65 VIVIAN GRAF

Vivian Graf übersetzt kunstvolle Designs in mehrdimensionale Strickwaren. Mit besonderen Stricktechniken, Mustern und kostbaren italienischen Garnen entstehen in Deutschland und der Schweiz handgefertigte Jacken, Pullover und mehr. In Ihrer schicken Boutique am Paradeplatz in Zürich und im Onlinestore kombiniert Vivian Graf dazu noch mehr einfache, zeitlose Designermode. Sie sagt: „Ich mag es, wenn hinter einem Kleidungsstück eine Geschichte steckt."

In der Boutique am Paradeplatz finden Individualisten Inspiration

Vivian Graf / Nüschelerstraße 1 (Nähe Paradeplatz), 8001 Zürich
Mo-Fr 10.30-18, Sa 11-18 Uhr
Preise: ★★★★★ / viviangraf.com

ZEITLOSES *DESIGN*

PROMI-
SNEAKER

Auch „Tatort"-Kommissar Stefan Gubser ermittelt auf leisen Sohlen von KÜNZLI

KÜNZLI-Sneaker im typischen Design

KÜNZLI

Fünf Streifen sind das Erkennungszeichen für das klassische Sneaker-Design der Schweizer Marke Künzli, deren Factory-Shop in Windisch nahe Brugg (Aargau) ist. Seit 1927 produziert das Traditionsunternehmen in hochwertiger Qualität für die Bereiche Medizin und Mode. Olympiamannschaften, Fußballprofis und auch der Schwingerkönig Kilian Wenger tragen Modelle von Künzli. Alle zwei Monate gibt es neue Designs im „K style", wie die neue Linie genannt wird.

66

Künzli Fabrik-Laden / Hauserstraße 47, 5210 Windisch / Di-Fr 14-18.30, Sa 9-16 Uhr / Preise: ★★★☆☆ / kuenzli-schuhe.ch

67

LEGENDÄRE
UHREN

George Clooney ist prominenter Fan und Markenbotschafter

OMEGA

Mit nur 23 Jahren eröffnete Louis Brandt 1848 seine erste Uhrenwerkstatt im Schweizer Dorf La Chaux-de-Fonds. Heute ist daraus nicht nur ein Weltunternehmen gewachsen, sondern auch die Kultuhr von James Bond entsprungen. Den neusten Meilenstein setzt die Mega-Boutique im Züricher Airport: Auf fast 800 Quadratmetern findet man hier nicht nur die komplette Omega-Produktvielfalt, sondern auch wechselnde Ausstellungen.

Ein architektonisches Highlight: der Store am Züricher Flughafen

Omega Boutique / The Circle 33 – Flughafen CH, 8085 Zürich Tgl. 10–18 Uhr / Preise: ★★★★★ omegawatches.com

OMEGA bietet Luxusuhren für Damen und Herren

BUCHERER

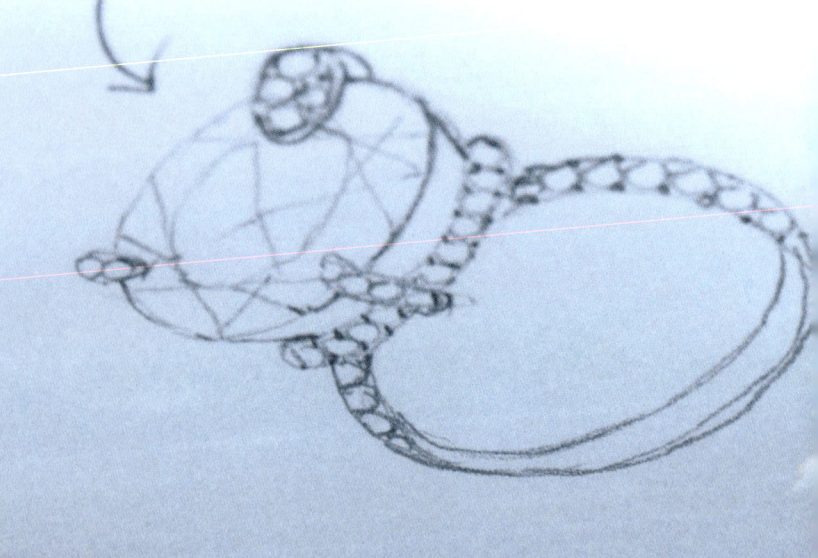

Stilvoll oder ausgefallen: Papier in traditioneller Handarbeit

PAPIER-PARADIES

Im HIERO-NYMUS gibt es das Shopping-Erlebnis rund ums Papier

HIERONYMUS

68

Erlesenes rund um alles, was mit Papier in Verbindung steht, findet man bei Hieronymus im Flagshipstore in Zürich. Edelste Fotoalben, Notiz- oder Adress-bücher in Leder gebunden, Taschen und Schreibinstrumente, Brieföffner, Tinten-fässer, Geschenkpapier, Brieftaschen und nobles Schreibtischmobiliar – auf Wunsch personalisiert. Neben dem gro-ßen Angebot bietet die ursprüngliche Buchdruckerei auch den Service, jegli-che Manuskripte in Handschrift auf Papier zu bringen.

Feinste Schreibgeräte gehören zum vielfäl-tigen Angebot

Hieronymus / Bärengasse 10, 8001 Zürich / Mo-Fr 11-19, Sa 10-17 Uhr / Preise: ★★★★★ / hieronymus-cp.com

BUNTE *PROMI-TIPP:*

„Klein, aber oho ist der District 5 Sneakerstore. Klar, dass es mich als be-geisterten Sneaker-Fan und -sammler immer in den Laden zieht, wenn ich in Zürich bin. Alleine der Industrielook in Kombi mit der großen Markenauswahl lässt jeden im Schuhhimmel schweben."

VU DINH
SCHAUSPIELER

INTERIOR-
IKONE

Zeitloses
Design als Kul-
turerlebnis zu
Hause: Ideen
von TEO JAKOB

69

Teo Jakob / Standorte in
Bern, Genf, Winterthur,
Zürich / Preise: ★★★★★
teojakob.ch

TEO JAKOB

Seit 1950 steht Teo Jakob für angesagte und auch zeitlose Interiordesigns. Der Schweizer Designpionier Theodor Jakob verwandelte die elterliche Polsterei in Bern in ein wegweisendes Geschäft und ersetzte Plüsch und Traditionelles durch Moderne und avantgardistisches Design aus Skandinavien und Italien. Er war außerdem Förderer moderner Kunst. Sechs Geschäfte stehen heute für Ästhetik, Qualität sowie elegante und gleichzeitig funktionale Einrichtung.

70 BUCHERER

Bucherer Boutique / Bahnhofstraße 50,
8001 Zürich / Mo-Fr 10-19, Sa 9-17 Uhr
Preise: ★★★★★ / bucherer.com

Seit 1888 setzt
BUCHERER auf höchste
Schmuckqualität

Es gibt weltweit 34 Filialen des traditionsreichen Familienunternehmens Bucherer. Die schönste davon liegt an der feinen Zürcher Bahnhofstraße. Auf vier Etagen bummelt man in der neuen ikonischen Flagship Boutique durch unterschiedliche Schmuckwelten und stilvolle Lounges. Einladend ist auch das kleine Café und die exklusive Bar mit Blick auf die Bahnhofstraße. Tipp: In der Bucherer Gallery können Sie Certified Pre-Owned Uhren entdecken oder die exklusiven Modelle der Bucherer BLUE Kollektion.

Meilenstein in der
über 130-jährigen
BUCHERER-Ge-
schichte: Flagship-
store mit Cristalli-
na-Marmor in der
Bahnhofstraße

Das Luxusuhren-
sortiment um-
fasst mehr als 25
Marken

FREUDE AN
EDLEM

ST. GALLEN WAR
IMMER SCHON SPITZE

Kunstvolle Tradition: Spitzen-Kreationen des St. Galler Traditionsunternehmens Forster Rohner

Amal Clooney in einem Kleid von Giambattista Valli mit Spitzen aus St. Gallen

St. Gallen versorgt seit Jahrhunderten die Welt mit einem Spitzen-Produkt, von dem sich alle magisch angezogen fühlen.

Wenn in London, Paris und Mailand zur Fashion Week die großen internationalen Designer von Armani bis Zuhair Murad ihre Kollektionen präsentieren, läuft immer auch St. Gallen mit über den Laufsteg. Besser gesagt, das Produkt, das die kleine Stadt in der Ostschweiz auszeichnet: St. Galler Spitze! Seit Ende des 19. Jahrhunderts versorg(t)en die St. Galler Klöpplerinnen Königshäuser, US-Präsidenten, Designer und reiche Privatkunden mit ihren Stickereien, früher übrigens ausschließlich auf bunten Stoffen getragen. In St. Gallen gelang 1882 einem

Sticker dann eine Weltneuheit: mit einer speziellen Ätz-Methode den Stoff so zu zerstören, dass nur noch die Stickerei übrig blieb. Die Guipure-Spitze, wie sie genannt wurde, war wesentlich günstiger und eroberte damit alle sozialen Schichten. Vor dem Ersten Weltkrieg rückte St. Galler Spitze zum Exporthit Nr. 1 der Schweiz auf – in jedem Erker, jedem Bauernhaus wurde geklöppelt, es entstanden unzählige Fabriken. Seit den Vierzigerjahren, mit der Einführung der Haute Couture, zählen die großen Designer wie Dior, Valentino oder auch das Schweizer Label Akris zu den Kunden. Michelle Obama trug bei der Amtseinführung ihres Mannes St. Galler Spitze von Forster Rohner, dem Traditionsunternehmen. Ebenso Amal Clooney auf ihrem Hochzeitskleid von Giambattista Valli. Wenn Sie in St. Gallen sind, gehen Sie bitte ins Textilmuseum – dort wird die Geschichte einfach spitze erzählt!

SWISS *Shopping*

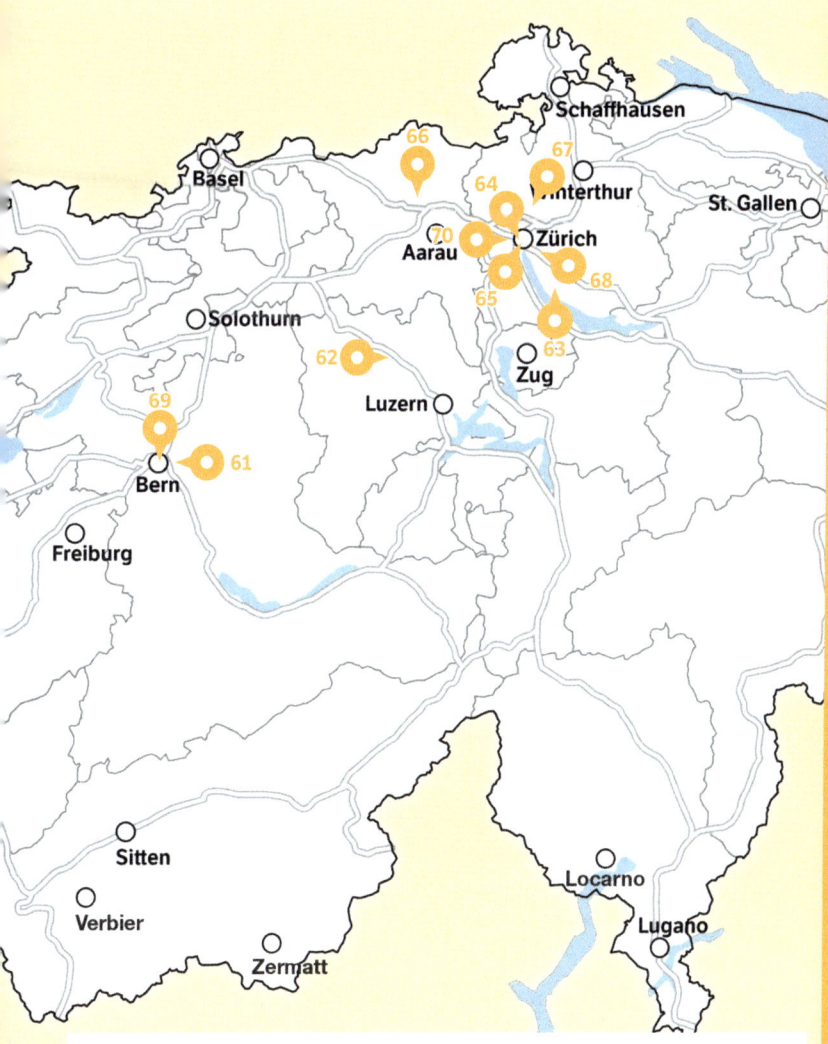

Schaffhausen

66

67

Basel

64

Winterthur

St. Gallen

70

Zürich

Aarau

68

65

Solothurn

63

62

Zug

69

Luzern

61

Bern

Freiburg

Sitten

Locarno

Verbier

Lugano

Zermatt

61 ART OF SCENT – SWISS PERFUMES Bern / 62 CALIDA OUTLET Oberkirch
63 MAISON MULLERUS FLAGSHIP STORE Erlenbach / 64 VICTORINOX
FLAGSHIP STORE ZÜRICH Zürich / 65 VIVIAN GRAF Zürich
66 KÜNZLI FABRIK-LADEN Windisch / 67 OMEGA BOUTIQUE Flughafen Zürich
68 HIERONYMUS Zürich / 69 TEO JAKOB Verschiedene Standorte
70 BUCHERER BOUTIQUE Zürich

Etwas Show gehört dazu in der BAR AM WASSER in Zürich: Der mehrfach ausgezeichnete Barkeeper Dirk Hany mixt Drinks, auf denen Rauchblasen Düfte freisetzen. Und mit Gewürzen, Früchten und Gemüse zaubert er neue Farben in trinkbare Geschmackserlebnisse

BAR JEDER
Vernunft

Jetzt machen wir blau

SHAKE IT EASY! Ein guter Tag wird noch besser mit einem krönenden Abschluss. Ob gerührt, geschüttelt oder vom Bar-Experten empfohlen – ein Schlummertrunk in besonderer Atmosphäre und bester Gesellschaft ist einfach himmlisch. Unsere Lieblingsbars vom Bodensee bis ins Tessin ...

HINZ & KUNZ

Eine Bar, die man in Basel nicht verpassen sollte: das Hinz & Kunz in der Markthalle. Daniel Mumenthaler und Pascal Kunz und ihr hochengagiertes Team zaubern leckere Klassiker und eigene Kreationen – manchmal auch gewagt. Die Einrichtung ist eine gelungene Kombi aus neu und alt, und man fühlt sich sofort daheim. Unbedingt probieren: den Spicy Hinz. Die Bar wird übrigens auch gelobt für ihr großes Sortiment an Whiskey, Rum und Gin.

Darf's was Besonderes sein? Im HINZ & KUNZ wird kreativ serviert

Hinz & Kunz Bar
Steinentorberg 20, 4051 Basel
Do-Sa 17-23 Uhr
Preise: ★★★☆☆
hinzundkunz.bar

71

LIEBLINGS-*BAR*

Als wäre es das eigene Wohnzimmer: Wohlfühl-Ambiente

72

STIL-*VOLL*

In Samt und Gold gekleidet – und mit sensationellem Blick aufs Wasser

BAR AM WASSER

London oder New York? Nein, diese herrliche Bar befindet sich in Zürich. Dirk Hany und sein Team räumen regelmäßig alle möglichen Auszeichnungen ab. Und es muss nicht immer Alkohol sein: Die Mocktails sind einfach köstlich, die 25 (!) Signature-Drinks perfekt. Was drin ist? Geheimnis! Vergessen Sie nicht, den kleinen Hunger mitzubringen, zu den Drinks gibt's Köstliches. Wen man trifft? Banker und Start-up-Gründer zum Deal-closing-Drink. Santé!

Bar am Wasser
Stadthausquai 1, 8001 Zürich / Mo-Sa 15-24 Uhr
Preise: ★★★☆☆ / baramwasser.ch

73

PARADIES
AM SEE

EDEN ROC

Ob ein Cappuccino nach dem Essen, der Tee am Nachmittag oder natürlich ein Drink in den Abendstunden: Der Blick von der Eden Bar hinaus auf den beeindruckenden Lago Maggiore ist immer paradiesisch. Inspiriert von der Farbenpracht des hoteleigenen Gartens sind wunderbare Cocktail-Kreationen namens Garden Princess, Magnolia, Summer Breeze oder Orange Lily entstanden. Aber auch die vertrauten Rezepte traditioneller Drinks sowie Tessiner und italienischer Grappa sind im Sortiment zu finden.

Eden Bar – Hotel Eden Roc
Via Albarelle 16, 6612 Ascona
Tgl. 14-23 Uhr / Preise: ★★★☆☆
edenroc.ch

Gediegene Atmosphäre an der Theke

Gemixt wird, was die Gäste wünschen

Genuss unter Palmen mit Blick auf den See und die Berge

BUNTE *PROMI-TIPP:*
„Wenn ich in der Schweiz bin, bin ich am liebsten im Widder Hotel in Zürich. Das Boutique-Hotel in der Altstadt hat drei Restaurants und auch eine Bar, die wegen der guten Cocktails berühmt ist. Die verschiedenen Möglichkeiten finde ich toll. Außerdem haben sie viele Events. Da ist immer etwas los."
BASTIAN BAKER
SÄNGER

74

LCC

Bunt und vielfältig ist die Einrichtung des LCC– und die Getränkekarte

CHILLEN & *GENIESSEN*

Der Lausanne Cocktail Club (kurz: LCC) ist die ideale Location, um nach einer ausgedehnten Sightseeing-Tour genussvoll zu entspannen. Die Cocktailkarte ist originell gefüllt mit zahlreichen Eigenkreationen – von Al Capone bis Devil & No Evil Negronis). Unbedingt probieren müssen Sie die leckeren Snacks, die asiatisch inspiriert sind. Die Clubkarte bietet regelmäßigen Gästen viele Vorteile, ist aber kein Muss für einen Besuch. Bei chilliger Lounge-Musik klingt hier für die Lausanner gemütlich der Tag aus.

Lausanne Cocktail Club – LCC
Rue Pépinet 5, 1003 Lausanne
Di-Fr 17-23, Sa 12-23 Uhr
Preise: ★★★☆☆
lausanne-cocktail-club.ch

ATELIER CLASSIC

Im stilvoll-gemütlichen Ambiente eines Gewölbekellers aus dem 14. Jahrhundert wird klassische Barkultur zelebriert. Chef Ivan Urech spricht von liquider Poesie, wenn in der Bar Sinnlichkeit ins Glas fließt. Die mehrfach ausgezeichneten Genussleistungen in der Mixtur-Werkstatt sind ein Muss, wenn man in der Gegend ist. Amüsant ist die ironisch getextete Getränkekarte. Tiptop: das Herrenzimmer mit Billardtisch.

Atelier Classic Bar
Rathausplatz 3, 3600 Thun
Di, Mi, So 17-24, Do 17-1,
Fr, Sa 17-2 Uhr
Preise: ★★☆☆☆ / bar-atelier.ch

75

Meisterhaft: Bar-Chef Ivan Urech

POESIE *IM GLAS*

Klassiker, mit Liebe gemixt

TREFF-
PUNKT

Alles frisch – vom Croissant bis zur Quiche

Kontaktbörse: die langen Tische im Café

CAFÉ LE POINTU

Ob Frühstück, Brunch oder in den späten Abendstunden – dieses Café ist ein beliebter Treffpunkt. Am Abend serviert der Barmann Cocktails wie den Swiss Mule mit Absinth, Enzian-basiertem Bitter und Ginger Beer oder den Picasso Sour mit Suze-Likör, Gin und Limette. Dazu können wir die Köstlichkeiten aus der Küche sehr empfehlen. An den langen Gemeinschaftstischen findet man schnell Anschluss.

Le Pointu– Café, Bar & Brunch
Rue Neuve 2, 1003 Lausanne
Mo-Mi 7-24, Do 7-1, Fr 7-2,
Sa 9-2, So 9-15 Uhr
Preise: ★★☆☆☆ / le-pointu.ch

Im Herzen der Altstadt: das LE POINTU

76

Der Abend beginnt mit einer Bloody Mary

Seit Jahren ist der MONTANA BEACH
CLUB die beliebteste Rooftop-Bar der
Schweiz. Kein Wunder, denn die Location
ist einzigartig: Die Terrasse mit Blick über
den Vierwaldstättersee ist geschmückt
mit unzähligen Palmen, schicken Möbeln
und Schirmen – alles in Weiß gehalten.
Am Boden: feinster Sand. Wer dann die
Sonne versinken sieht und dabei einen
der feinen Cocktails in der Hand hält, darf
sicher sein: So schmeckt das Glück!

UNSER STAR

MONTANA
BEACH CLUB

CLOUDS BAR

In der 35. Etage des Prime Towers, dem Wahrzeichen vom Business-Bezirk Zürich-West, gibt's mehr als „nur" Gucken: Das Gourmet-Restaurant Clouds ist der kulinarische Höhepunkt mit Aussicht über die Stadt. Gleich daneben: die beliebte Bar mit Smokers Lounge. Besonders bei Sonnenuntergang ist die Location ein Traum und später, wenn die Lichter der Großstadt glitzern. Übrigens: Das Clouds brennt eigenen Gin in Bio-Qualität mit Noten von der Stachelbeere und Aromen vom Holunder.

WAHR-ZEICHEN

Über Gleisanlagen und ein Häusermeer reicht der Blick bis zum Zürichsee

Clouds Bar / Prime Tower, Maagplatz 5, 8005 Zürich / Di-Do 18-24, Fr-Sa 18-2 Uhr
Preise: ★★★☆☆ / clouds.ch

MONTANA BEACH CLUB

Die Füße im Sand, Palmblätterrascheln und Chillout-Musik – Florida-Feeling pur am Vierwaldstättersee. Nur, dass der Blick hier über wunderschöne Berge wandert. Die Rooftop-Bar im Art Deco Hotel Montana in Luzern gilt als DER Rooftop-Hotspot überhaupt. Zu genießen gibt es frischgemixte Cocktails, als Abkühlung dient der Whirlpool oder auch die Regenwalddusche. Übrigens: Auf der Terrasse können Sie noch ein Unikat bestaunen: Goldi, ein Holzruderboot, originell ausgestellt im gläsernen Tresen.

Montana Beach Club – Art Deco Hotel Montana / Adligenswilerstraße 22, 6002 Luzern / Mai-Sep Mo-Fr 15-23, Sa 14-23, So 12-23 Uhr
Preise: ★★★☆☆ / hotel-montana.ch

78

Champagner rosé oder feine Cocktails – mit Aussicht

STRAND, SAND & PALMEN

RUM-
REICH

79

LITTLE BARREL

Wenige Schritte vom Genfer See entfernt liegt diese intime Bar, die Rum-Lover nicht verpassen sollten – ob Pur-Trinker oder Cocktail-Liebhaber. Die bekannten Barkeeper Quentin Beurgaud und Nicolas Berger begleiten auch Neueinsteiger ins Thema: Über 100 Rumsorten aus über 30 Ländern stehen zur Wahl, dazu gibt es köstliche kleine Gerichte. BUNTE-Tipp: Zunächst nicht zu sehen ist die schöne Terrasse in der oberen Etage. Das Treppensteigen lohnt sich!

Über 100 Rumsorten aus 30 Ländern stehen zur Wahl

Reise in neue Geschmacksregionen im LITTLE BARREL

Little Barrel / Rue du Lac 15, 1207 Genf
Di-Fr 17-1 Uhr, Sa 18-2 Uhr
Preise: ★★★☆☆ / littlebarrel.ch

DEVIL'S PLACE

WELT-
REKORD

80

Diese Bar hält den doppelten Guinnessbuch-Weltrekord für die größte Auswahl an Whisky-Sorten – über 2000 sind es. In der Hausbar im 3-Sterne-Hotel Waldhaus am See, eine der „Leading Bars of the World", variiert das Getränkeangebot von 4,50 bis rund 8000 Euro. Highlight: ein Macallan, der anlässlich der Hochzeit von Prinz Charles und Lady Di im Jahr 1981 abgefüllt wurde.

XXL-Whisky-Sortiment in der DEVIL'S BAR

Devil's Place – Hotel Waldhaus am See
Via Dim Lej 6, 7500 St. Moritz
Preise: ★★★☆☆ / waldhaus-am-see.ch

LEGENDÄR &
WELTBERÜHMT

Playboy Gunter Sachs gründete 1974 in St. Moritz den Dracula Club, wo er wilde und lange Partys feierte. Wem der Zutritt zu diesen exklusiven Nächten verwehrt blieb, kann dem Geist der legendären Stadt trotzdem stilvoll huldigen.

An den meisten Hotspots dieser Welt beginnt die Party nach Sonnenuntergang. In St. Moritz ist das anders: Hier wird der Nobel-Skiort rund um die Uhr gefeiert – mit einer Mischung aus britischem Sportsgeist und exzentrischer Lebenslust. Nach einem ersten starken Espresso trifft man sich zum Schlittenrennen auf der Cresta-Bahn – allerdings „Members only", wie ein Schild auf der Schwingtür mahnt. Danach Lunch und ein elegantes Dösen in der Sunny Bar vom Kulm Hotel, am Nachmittag geht's mit Skiern zur Corviglia, ein oder zwei rasante Abfahrten genügen, bevor man im Privatclub vorbeischaut – der natürlich auch nur für Mitglieder zugänglich ist. Zum Tee und einem Gläschen Champagner – Cüpli, wie die Schweizer sagen – trifft man sich im Badrutt's Palace, bevor in der Bar der erste solide Drink des Tages wartet, glücklicherweise nur ein paar Schritte entfernt von den bequemen Sesseln in der Hotelhalle. Beim Abendessen in der Chesa Veglia begegnet man denen, die auch gerade keine private Einladung haben. Und irgendwann, wenn die Sonne schon längst untergegangen ist, beginnt die Nacht im Dracula Club. 1900 Meter über dem Meeresspiegel gelegen. Weltberühmt. Legendär. Geheimnisvoll. In den 70er-Jahren feierte Playboy und Fotograf Gunter Sachs hier wilde Partys. Seitdem hat sich kaum etwas geändert. Sohn Rolf Sachs steht jetzt dem exklusiven Zirkel vor. Und noch immer gilt, was den Mythos einst begründete: Zutritt haben ausschließlich männliche Mitglieder und deren Gäste, zu besonderen Anlässen werden Damen geladen. Wem trotz Anstrengung der Einlass verwehrt bleibt, der hat Alternativen: den King's Club beispielsweise, bekannt für wilde Partys, prominente Gäste und Nächte, die nie enden. Gediegener entgleitet die Zeit dagegen in der Bar Devil's Place, einem Paradies für Whisky-Kenner: Die Barkarte ist so dick wie ein Roman, der teuerste Whisky kostet 8000 Euro – nicht pro Flasche, sondern für zwei Zentiliter, also einen beherzten Schluck.

Gunter und Mirja Sachs feierten gern im Dracula Club, wie hier 1998

In den Dracula Club werden nur Männer als Mitglieder aufgenommen

BARS & *Clubs*

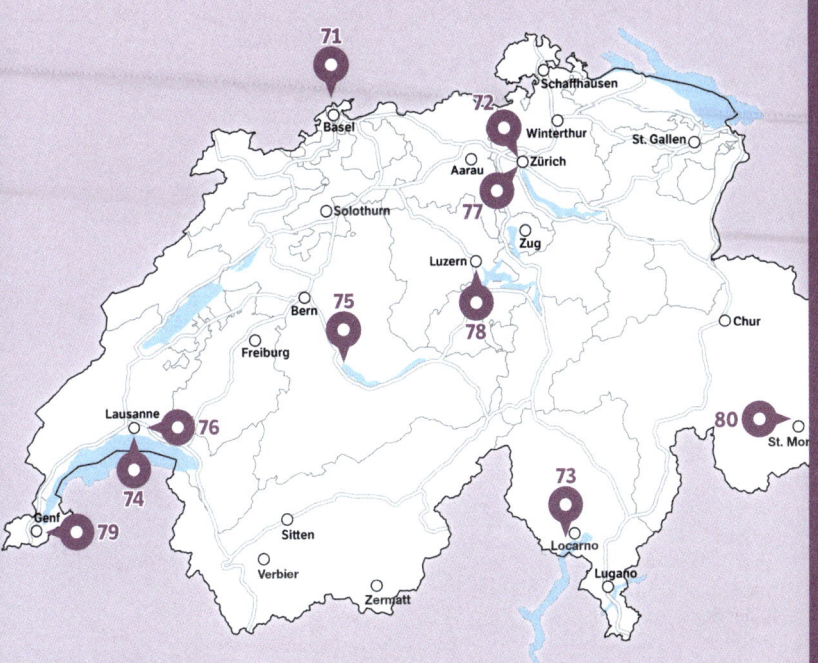

71 HINZ & KUNZ BAR Basel / 72 BAR AM WASSER Zürich / 73 EDEN BAR – HOTEL EDEN ROC Ascona / 74 LAUSANNE COCKTAIL CLUB – LCC Lausanne 75 ATELIER CLASSIC BAR Thun / 76 LE POINTU – CAFÉ, BAR & BRUNCH Lausanne / 77 CLOUDS BAR Zürich / 78 MONTANA BEACH CLUB – ART DECO HOTEL MONTANA Luzern / 79 LITTLE BARREL Genf / 80 DEVIL'S PLACE – HOTEL WALDHAUS AM SEE St. Moritz

Das meistbesuchte Kunstmuseum der Schweiz ist die FON-
DATION BEYELER in Riehen bei Basel. Hier kann man ganz
in Ruhe im Monet-Raum ein Gemälde des Meisters auf sich
wirken lassen. Sam Keller – einst Experte bei der Art Basel –
leitet seit einigen Jahren geschickt die Belange der Muse-
umsstiftung. Auch die temporären Ausstellungen sind ein
Magnet für Besucher aus der ganzen Welt

KUNST &
Kultur

Eine ganze Schatztruhe für Entdecker

GEMÄLDE, ARCHITEKTUR UND HISTORIE:
Die Schweiz ist voll mit großartigen kulturellen
Kostbarkeiten. Besonders die kontrastreiche
Kombination von Geschichte und Moderne führt
zu unvergesslichen Erlebnissen. Gehen Sie
doch mal auf Exkursion …

Laubengänge rechts und links von der Marktgasse in der Berner Altstadt

81

ALTSTADT BERN

Wussten Sie, dass Europas längste wettersichere Shoppingmeile in historischem Umfeld in Bern liegt? Die sechs Kilometer langen Lauben dienten einst zum Schutz der Marktstände. Heute wandelt man gemütlich von Boutique zu Café oder Weinlokal, lauscht den Musikern – und wandert hoffentlich noch über den Fluss Aare zur sogenannten Welle von Star-Architekt Renzo Piano. Darin befindet sich das Paul-Klee-Zentrum und die bedeutende Sammlung expressionistischer und kubistischer Werke aus der spektakulären Gurlitt-Sammlung.

Laubengänge in der Altstadt, Zentrum Paul Klee
Monument im Fruchtland 3, 3006 Bern
Di-So 10-17 Uhr / Preise: ★★★★★ / zpk.org

Stets im Trockenen: Cafés, Lokale, Boutiquen und Geschäfte

Kultur-Architektur: die Welle von Renzo Piano in Bern

Im Zentrum zu sehen: „Übermut" von Paul Klee

82

MEISTER-
WERK

Einzigartige Architektur
am Luzerner See: Das
KKL von Jean Nouvel

KULTUR-
ZENTRUM
LUZERN

Kultur- und Kongresszentrum Luzern – KKL
Europaplatz 1, 6005 Luzern
Preise: ★★☆☆☆ / kkl-luzern.ch

Der große Konzertsaal ist einem Schiffs-
rumpf nachempfunden, und egal auf welchem Oberdeck – die Akustik in seinem Inneren ist grandios. Das Kultur- und
Kongresszentrum Luzern (KKL) liegt direkt
am See und ist ein architektonisches Meisterwerk von Jean Nouvel. Das berühmte
Lucerne Festival (lucernefestival.ch) hat hier
seine Heimat. Tipp: Im KKL zaubert Michèle
Meier, Köchin des Jahres 2021, im Restaurant Lucide (16 Gault-Millau-Punkte).

83

LANDES
MUSEUM

Spannender
Kontrast:
Neubau und
Altbau des
Museums

HEIMAT-
LAND

• • • •

Reich verzierte Fußreliquie
im Landesmuseum

Was die Schweiz ausmacht, präsen-
tiert das Landesmuseum in Zürich. Es
gehört mit dem Château de Prangins
und dem Forum Schweizer Geschichte Schwyz zum Schweizerischen Nati-
onalmuseum. Kultur wird – speziell für
Kinder – spannend aufbereitet in einem Parcours gezeigt. Die Sammlung
zeigt Schweizer Geschichte von den
Anfängen bis heute. Wechselausstel-
lungen wie „Der erschöpfte Mann"
oder „Nonnen. Starke Frauen im Mittelalter" ergänzen das Angebot.

Landesmuseum Zürich / Museumsstraße 2, 8001 Zürich / Di, Mi, Fr-So 10-17,
Do 10-19 Uhr / Preise: ★★☆☆☆ / landesmuseum.ch

Léonard Gianadda benannte die Stiftung nach seinem jung verstorbenen Bruder Pierre

KULTUR-
TEMPEL

Modernes Kunstwerk im Skulpturenpark des Museums

84
FONDATION GIANADDA

Die Kleinstadt Martigny schmückt die Fondation Pierre Gianadda. Ingenieur, Immobilien-Boss und Kunstmäzen Léonard Gianadda wollte eigentlich ein Haus bauen. Beim Aushub entdeckte er Überreste des ältesten galloromanischen Tempels der Schweiz. Er dachte um, baute darüber ein vielfältiges Museum. Heute ist die Stiftung ein Kulturzentrum mit weltberühmten, wechselnden Kunstausstellungen, Konzerten, großem Skulpturenpark und Oldtimer-Sammlung.

Fondation Pierre Gianadda
Rue du Forum 59, 1920 Martigny
Jun-Nov tgl. 9-19,
Dez-Mai tgl. 10-18 Uhr
Preise: ★★☆☆☆ / gianadda.ch

85
LAC IN LUGANO

Lugano Arte e Cultura – LAC
Piazza Bernardino Luini 6, 6900 Lugano / Di-So 10-17 Uhr
Preise: ★★★☆☆ / www.luganolac.ch

Die kulturelle Brücke zwischen Italien und der Schweiz schlägt grenznah das Lugano Arte e Cultura (LAC). Das moderne Kulturzentrum widmet sich der Darstellungs- und Bühnenkunst, der Musik und beherbergt außerdem das Kunstmuseum der italienischen Schweiz. Es liegt direkt am See, und die moderne Architektur steht im spannenden Dialog mit der nahegelegenen Kirche Santa Maria degli Angioli, die sie bei einem Spaziergang durch die Altstadt unbedingt besuchen sollten.

MODERNE
VERBINDUNG

Unmittelbar am See: das Kulturzentrum LAC

HISTORIE & *HEUTE*

Wahrzeichen des Unterengadin: Schloß Tarasp

86

SCHLOSS TARASP

Ein Mittelalterfestung und moderne Kunst – das ist die perfekte, wenn auch ungewöhnliche Liaison hoch oben auf einem Felskegel bei Scuol in Graubünden. Im Jahr 2016 erwarb der Künstler Not Vital Schloss Tarasp von der Familie von Hessen. Heute kann es im Rahmen von Führungen besichtigt werden und beherbergt antike, moderne und zeitgenössische Kunst. Zu Vitals Stiftung gehört auch der Parkin, ein Skulpturenpark im nahen Sent, wo viele Werke des Engadiner Künstlers zu sehen sind, und das historische Plantahaus in Ardez.

Schloss Tarasp / Sparsels 148, 7553 Tarasp
Wechselnde Öffnungszeiten / Preise: ★☆☆☆☆ / schloss-tarasp.ch

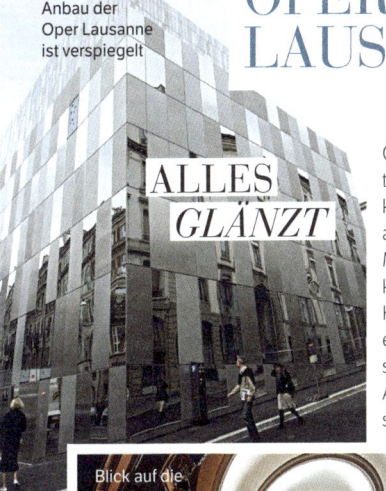

Der moderne Anbau der Oper Lausanne ist verspiegelt

OPERNHAUS LAUSANNE 87

ALLES *GLÄNZT*

Glanzvoll ist nicht nur die Fassade des Bühnentrakt-Neubaus. Das Haus hat es in sich, was das kulturelle Angebot betrifft. Vor allem Opern, aber auch klassische Konzerte und Ballettaufführungen. Mit 1000 Plätzen ist das Opernhaus überschaubar klein und fein. Auch spezielle Veranstaltungen für Kinder stehen auf dem Programm. Erklärtes Ziel: ein junges Publikum für die Oper zu begeistern. An speziellen Terminen (Mittwoch) ist für Kinder (auf Anmeldung) ein spannender Blick hinter die Kulissen und in viele Berufe am Opernhaus möglich.

Blick auf die Zuschauerränge

Opéra de Lausanne
Avenue du Théâtre 12, 1005 Lausanne
Preise: ★★★☆☆
opera-lausanne.ch

Drei Häuser gehören zum KUNST-
MUSEUM BASEL. Sie werden
überrascht sein, wie viele weltbe-
rühmte Kunstwerke hier gezeigt
werden, die Sie bisher nur aus Bü-
chern kannten. Das älteste öffent-
lich zugängliche Kunstmuseum
der Welt ist auch die größte öffentliche Kunstsammlung der
Schweiz. Unbedingt anschauen!

UNSER STAR

KUNSTMUSEUM

BASEL

FASZINIEREND *VIEL KUNST*

„Blick in die Unendlichkeit"
von Ferdinand Hodler
ist das größte Gemälde
im Kunstmuseum Basel

88 KUNST-MUSEUM BASEL

In drei zum Kunstmuseum Basel gehörigen Häusern befinden sich 4000 Gemälde, Skulpturen, Installationen, Videos und rund 300 000 Zeichnungen und Druckgrafiken aus sieben Jahrhunderten. Hauptbau und Neubau sind unterirdisch verbunden, das Kunstmuseum Basel | Gegenwart ist wenige Schritte entfernt. Ein ganzer Tag Kunst mit Zeitreise? Kein Problem, wer Stärkung braucht, findet sie im Bistro: mit Blick auf die Rodin-Skulptur „Bürger von Calais".

Kunstmuseum Basel
St. Alban-Graben 16,
4051 Basel / Haupt- und
Neubau: Di, Do-So 10-18,
Mi 10-20 Uhr; Gegenwart:
Di-So 11-18 Uhr
Preise: ★★★☆☆
kunstmuseumbasel.ch

MYSTISCHER *ORT*

Der von
Architekt Emil
Fahrenkamp
erbaute Hotel-
komplex

Über Ascona und dem Lago Maggiore erhebt sich der Monte Verità, ein Hügel und kulturgeschichtliches Ensemble. Um 1900 siedelte sich eine alternative Kooperative an, die viele Künstler, Philosophen, Denker, Könige und Politiker anlockte. Heute umfasst das Denkmal Museum, Hotel, Konferenz- und Kulturzentrum in einem wunderschönen Park.

MONTE VERITÀ 89

Monte Verità – Museo Casa Anatta
Strada Collina 84, 6612 Ascona
Apr-Okt Mi-Sa 14-18, So 10-13, 14-18 Uhr
Preise: ★☆☆☆☆ / monteverita.org

GOETHEANUM

90

Nach anthroposophischen Grundsätzen, also weitgehend ohne rechte Winkel, wurde das Goetheanum gebaut. Entworfen hat es Rudolf Steiner, Begründer der Anthroposophie, und nach Johann Wolfgang von Goethe benannt. Ebenfalls sehenswert: der in der Nähe von Basel gelegene Gartenpark als Verbindung von Natur und Geist und die Buchhandlung mit Tausenden von Werken rund um die Anthroposophie. Jährlich gibt es zudem über 700 Veranstaltungen.

Seit 1938 wird im Goetheanum Faust inszeniert

Der Besuch im Bau ein besonderes Gefühl

GOETHES *FAUST*

Goetheanum / Rüttiweg 45, 4143 Dornach
Tgl. 8-22 Uhr / Preise: ★★★★★ / goetheanum.org

BUNTE *PROMI-TIPP:*

„Wer sich für Architektur interessiert, sollte unbedingt den Sport-Campus in Basel neben dem Stadion anschauen. Bemerkenswert ist das lamellenartige Dach und die perforierte Fassade, bei der die runden Öffnungen auf die jeweiligen Platzierungen in der schweizerischen Fußball-Liga verweisen. Die Architektur ist von Luca Selva – einer der Besten, die wir in der Schweiz haben."

ROBERTO TRIVELLA
ARCHITEKT

ULTIMATIVES
KUNST-ERLEBNIS

Die Art Basel gilt als wichtigste Messe für zeitgenössische Kunst. Hier versammeln sich die besten Galerien und wichtigsten Kunstkenner. Michèle Sandoz, Global Head of VIP Relations der Messe, erklärt die Magie und gibt Geheimtipps für die Schweiz …

Barbara Schöneberger auf der Art Basel

Kunstfans: Elvira und Günter Netzer

Sie kümmern sich um die VIPs. Wer kommt denn so?
Neuerdings viele Fashion-People. Labels wollen mit Kunst assoziiert sein. Natürlich sind hier viele bekannte Künstler und Sammler und auch ein paar Prominente wie die Hollywoodstars Brad Pitt und Leonardo DiCaprio, der Sänger Lenny Kravitz oder Fußballstar Michael Ballack, der ein sehr etablierter und geschätzter Sammler ist.

Haben Sie ein paar Geheimtipps für Ihre Heimat, die Schweiz?
Ein absoluter Geheimtipp in Basel ist das Gotheanum, ein irrer futuristischer Bau für seine Zeit in Dornach. Zum Essen danach empfehle ich das Volkshaus, das von sehr passionierten Leuten geführt wird. In Genf muss man ins MAH, das Musée d'art et d'histoire, wo klassische mit zeitgenössischer Kunst flirten darf. In der Nähe von meiner Heimatstadt Neuchâtel empfehle ich La Plage de Boudry, wo man im Sommer Käsefondue am schönen Neuenburgersee vor Alpenpanorama genießen kann.

Frau Sandoz, was macht die Art Basel aus?
Hier wollen alle ausstellen. Die besten Galerien kommen mit ihrer besten Kunst. Wer wissen möchte, mit was sich Künstler weltweit – über fünf Kontinente verteilt – jetzt beschäftigen, ist hier am Puls. Deshalb kommen die wichtigsten Kurator*innen, Museumsdirektor*innen, Kritiker*innen, Sammler*innen und alle anderen Kunstinteressierten, um eine der renommiertesten Kunstmessen zu erleben.

Michèle Sandoz, die gute Fee der Art Basel

KUNST & *Kultur*

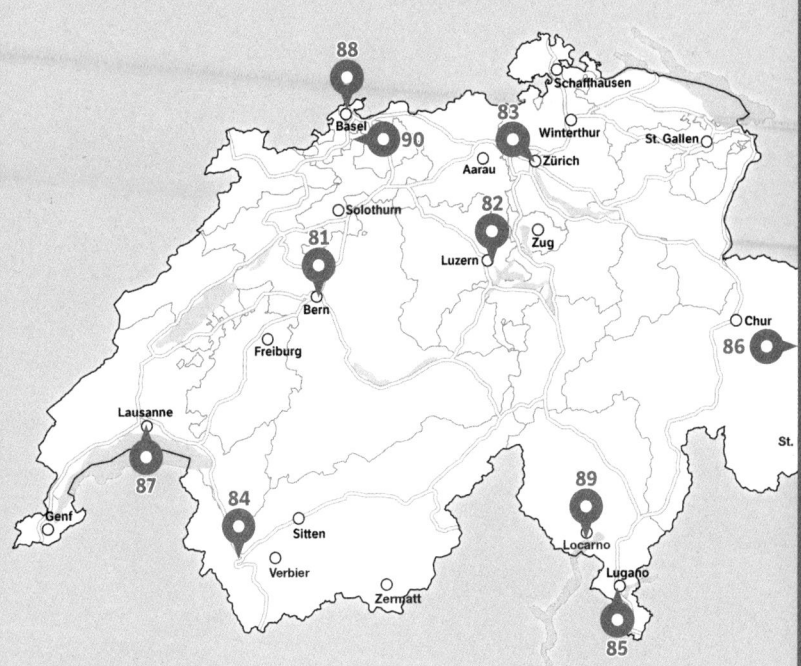

81 LAUBENGÄNGE, ZENTRUM PAUL KLEE Bern / 82 KULTUR-KONGRESS-
ZENTRUM – KKL Luzern / 83 LANDESMUSEUM ZÜRICH Zürich
84 FONDATION PIERRE GIANADDA Martigny / 85 LUGANO ARTE E CULTURA –
LAC Lugano / 86 SCHLOSS TARASP Tarasp / 87 OPÉRA DE LAUSANNE Lausanne
88 KUNSTMUSEUM BASEL Basel / 89 MONTE VERITÀ – MUSEO CASA ANATTA
Ascona / 90 GOETHEANUM Dornach

Auf der Rütliwiese ist am 1. August Großandrang. Hier wurde 1291 der Bund der Eidgenossen beschworen. Gefeiert wird der NATIONALFEIERTAG in der ganzen Schweiz mit Festen, Fahnenschwingern, Alphornbläsern und Freudenfeuer

10 ORTE
& *Geschichten*

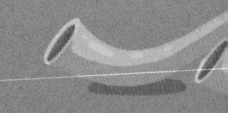

Verstehen Sie die Schweiz?
Traditionen und ihre Ursprünge

EIGENWILLIG TICKT DIESES LAND. Nicht, weil die Schweiz seit Jahrhunderten weltbekannt für ihre Uhren ist, sondern weil man hier seine Eigenheiten hegt und eine Portion Skepsis pflegt. Die Schweizer Seele versteht man am ehesten, wenn man die Orte ihrer Entstehung und ihrer Werte besucht. Stolz sind die Schweizer zu Recht auf ihre Bilderbuchwelt; es gibt so viel zu entdecken, dass eine Auswahl schier unmöglich scheint. Viel Vergnügen!

DER EID, GENOSSEN!

Wiege der Eidgenossenschaft – heute ein Idyll: die grüne Wiese am Ufer des Vierwaldstättersees. Erreichbar auch mit dem Kursschiff ab Brunnen oder Flüelen

91

Früher war es der Vogt Gessler, heute ist es die EU. Gegen ein Diktat von außen wehrt man sich in der Schweiz. Seinen Ursprung hat der Zusammenhalt auf dem Rütli, einer grünen Wiese. Die mythische Geburtsstätte der Schweiz befindet sich am Vierwaldstättersee; dort verschworen sich drei Männer aus Uri, Schwyz und Unterwalden am 1. August 1291 gegen die Habsburger Vögte, um fortan ein einig Volk von Brüdern zu sein. Daher wird auch am 1. August der Schweizer Nationalfeiertag begangen.

Das Rütli / 6441 Seelisberg
Fahrplan auf sbb.ch

RÜTLI-*WIESE*

HELVETIA

Obwohl das Frauenstimmrecht erst 1971 in der Schweiz eingeführt wurde, versinnbildlicht eine Frauenfigur – die Helvetia – das Land. Sie ziert Fünfzig-Rappen-, Ein- und Zwei-Franken-Münzen und ist auf den goldenen Vreneli-Sammlermünzen zu sehen. Das Landeskennzeichen CH entstammt aus Gerechtigkeitsgründen dem Lateinischen – Confoederatio Helvetica –, weil so keine der vier Landessprachen bei der offiziellen Nennung bevorzugt wird. Prominent thronen Helvetia-Skulpturen über dem Zürcher Bahnhofsportal, mit Geneva im Jardin Anglais in Genf und in Basel auf der Mittleren Brücke.

HELVETIA ziert als Frauenfigur Schweizer Münzen

92 WEIBS-*BILD*

Herrlicher Pass: Bevor es Eisenbahn- und Straßentunnel gab, war die alte Route die einzige Verbindung in den Süden

FELS-
MASSIV

GOTTHARDPASS

93

Diese wichtigste Nord-Süd-Verbindung zu sichern, war für den Schweizer General Guisan zur Landesverteidigung im Zweiten Weltkrieg strategisch die einzige Chance im Widerstand gegen die Achsenmächte. Als streng geheimes „Réduit national" wurde im Gotthardmassiv ein immenses Bunkersystem angelegt. Das Museum Sasso San Gottardo dokumentiert dort heute eindrucksvoll die Geschichte und den Mythos des Massivs und verblüfft außerdem mit seiner Kristallwelt und wechselnden Sonderausstellungen.

Fondazione Sasso San Gottardo
Passhöhe,
6781 Gotthardpass
Jul-Okt auf Anfrage
sasso-sangottardo.ch

TEURES PFLASTER

BANK-
WESEN

Über Geld spricht man hier nicht, man hat es. Auf der Bank, gut gehütet durch das Bankgeheimnis und gebunkert wie die Goldreserven der Nationalbank, die in einem atombomben- und erdbebensicheren Tresor im tiefen Felsinneren lagern. Wird über Geld gesprochen, dann eben über seine Geschichte und die Entwicklung des Bankenwesens – wie hier, in den interaktiv und raffiniert gestalteten Ausstellungen im Schweizer Finanzmuseum.

Modern inszeniert: das Schweizer Finanzmuseum

94

Schweizer Finanzmuseum / Pfingstweidstraße 110, 5005 Zürich
Mo-Fr 10-19 Uhr / Preise: ★☆☆☆☆ / finanzmuseum.ch

GESCHICHTE
ERLEBEN

Die Schweiz als
Zufluchtsort: ein Schloss
am Bodensee für den
letzten Kaiser Frankreichs

Hortense de Beauharnais
mit Söhnchen
Charles Louis Napoleon

ARENENBERG

95

Hortense, die Stieftochter
Napoleon Bonapartes, ging im
Thurgau auf der Schweizer Seite des Bodensees ins Exil. Die
romantische Aussicht vom Arenenberg auf den Untersee hatte es ihr vom ersten Moment an
angetan. Stilsicher prägte sie
Salons und Parkanlage. In diesem imposanten Umfeld
wuchs ihr Sohn auf, der später
als Napoleon III. letzter Kaiser
von Frankreich wurde. Das
Napoleonmuseum mit Garten-
anlagen, Grotten, Eiskeller und
Fontänen ist in Originalform erhalten.

Napoleonmuseum Thurgau
Arenenberg, 8268 Salenstein
Feb-Apr Di-So 10-17 Uhr,
Mai-Sep tgl. 10-17 Uhr
Preise: ★★★★★
napoleonmuseum.tg.ch

Das weltgrößte Museum für Zeitmesser

96 UHRENMUSEUM

La Chaux-de-Fonds zählt mit Biel und Le Locle zu den Top-Orten der Schweizer Uhrenindustrie und bietet das weltgrößte Uhrenmuseum mit über 4000 kostbaren Exponaten! Sehenswert ist auch die Altstadt, ein UNESCO-Weltkulturerbe, mit vielen Jugendstilhäusern. Übrigens: Louis Chevrolet, Gründer der gleichnamigen Automarke, stammt von hier.

Internationales Uhrenmuseum
Rue des Musées 29, 2300 La Chaux-de-Fonds
Di-So 10-17 Uhr / Preise: ★★★★★ / mih.ch

Die Geschichte der Zeitmessung, umfassend aufbereitet – auch für Kids

HIER
TICKT'S

97 LANDSGEMEINDE APPENZELL

So funktioniert direkte Demokratie in der Schweiz: Rund 3000 Stimmberechtigte versammeln sich im Freien, stimmen über Ämter und Beschlüsse per Hand ab. Diesen Brauch aus dem Mittelalter gibt es auf kantonaler Ebene nur noch in Glarus und Appenzell Innerrhoden. Termin: am letzten Sonntag im April nach dem Gottesdienst, auf dem Landsgemeindeplatz. Der übrigens, umgeben von Bilderbuchfassaden, immer sehenswert ist.

HÄNDE
HOCH!

Schweizer Kuriosum: Versammlung auf dem Dorfplatz als Form der direktesten Demokratie

Landsgemeinde
Appenzell Innerrhoden
Landsgemeindeplatz,
9050 Appenzell / appenzell.ch

UNSER STAR

BUNDESHAUS

Bunt, faszinierend – und jedes Jahr anders – zeigt sich das BUNDES- HAUS beim „Rendez-vous Bundesplatz" (rendezvousbundes- platz.ch). Das audiovisuelle Spektakel findet meist zwischen Mitte Oktober und Ende Novem- ber statt und zieht über eine halbe Million Schaulustige an

Über hundert historische Wohn- und Wirtschaftsbauten sind auf dem Gelände des Freilichtmuseums Ballenberg wiederaufgebaut worden. Diese Zeugnisse der Schweizer Architekturgeschichte werden hier genauso gepflegt wie damalige Bräuche, Traditionen, Hand- und Kunsthandwerk. In Kursen (Färben, Drechseln, Buchbinden ...) wird das Wissen weitergegeben. Hier zeigt sich die Schweiz von ihrer heilsten Seite. Ein Besuch ist wie eine Reise in vergangene Jahrhunderte und für Groß und Klein geeignet.

Geballtes Brauchtum: Pflege von Traditionen vor historischen Gebäuden

ZEIT-*REISE*

98

FREILICHTMUSEUM BALLENBERG

Freilichtmuseum Ballenberg
Museumsstraße 100,
3858 Hofstetten
Apr-Okt, tgl. 10-17 Uhr
Preise: ★★☆☆☆
ballenberg.ch

SCHWINGSPORT

Das Schwingen ist das Highlight bei Festen

Die schweizerische Form des Ringens heißt Schwingen und ist Nationalsport. Auf dem Eidgenössischen Schwing- und Älplerfest (ESAF) wird alle drei Jahre der Schwingerkönig gekürt. Alle Griffe – über 300! – sind fest vorgeschrieben, die Schwingerhose aus Drillich ist zum Greifen da und der Boden mit Sägemehl beflockt. 2022 soll das Fest in Pratteln bei Basel stattfinden.

Eidgenössischer Schwingerverband
Schwingsport-Events an verschiedenen Standorten
Preise: ★★☆☆☆
esv.ch/agenda

99

KRAFT & *TECHNIK*

BUNDESHAUS

Das imposante Bundeshaus thront über der Schweizer Hauptstadt Bern – inmitten der Altstadt (UNESCO-Weltkulturerbe). Hier tagen National- und Ständerat sowie der Bundesrat. Beeindruckend, wie das Bundeshaus im Inneren voller Symbolik bebildert und gestaltet wurde. Für Besichtigungen beantragen Sie bitte unbedingt online einen Termin! Danach lohnt eine Stärkung gleich nebenan im Grand-Hotel Bellevue Palace, offizielle Residenz der Staatsgäste. Der Blick von der Terrasse über die Aare ist einfach göttlich!

100

Bundeshaus – Parlamentsgebäude in der Hauptstadt
Bundesplatz 3, 3005 Bern
Di-Sa, nur mit Führung
Preise: kostenlos / parlament.ch

REGIERUNGS-SITZ

Erfrischend: die Wasserspiele auf dem Bundesplatz

BUNTE *PROMI-TIPP:*

„Mein Lieblingsort ist der Bürgenstock, hoch über dem Vierwaldstättersee. Vor 40 Jahren haben Kurt und ich dort in der Kapelle geheiratet. Ein für mich unvergesslicher Ort, der mir viel bedeutet. Mit großer Dankbarkeit darf ich immer wieder auf die wunderschönen Jahre mit meinem Mann zurückschauen."

PAOLA FELIX
MODERATORIN

WAS BEDEUTET
SCHWEIZER SEELE,
HERR JENNY?

Der Gemeindepräsident von St. Moritz ist eine schillernde Figur: Christian Jott Jenny, ehemaliger Opernsänger, Comedian und Produzent. Im Luxus-Bergort lebt er in einer Männer-WG mit dem Künstler Rolf Sachs. Hier verrät Jenny, wie seine Landsleute ticken – und welches Klischee über die Schweizer der Realität entspricht

Farbenfroh:
Christian
Jott Jenny

Wenn Sie jemandem die Seele eines Schweizers nahebringen müssten: Was würden Sie tun oder sagen oder wohin würden Sie ihn mitnehmen?
Ich würde ihn zuerst ins Schweizer Parlament führen. Wir betreiben schließlich Konkordanzpolitik, also ein Parteiensystem ohne Opposition. Alle relevanten Parteien arbeiten gemeinschaftlich an Lösungen. Oder sie versuchen es auf jeden Fall.

Schweizer und Deutsche sprechen dieselbe Sprache, leben Seite an Seite und sind doch so unterschiedlich.
Das mit der Sprache ist eben so eine Sache. Wenn wir Schweizer mit Deutschen Schriftsprache sprechen, kommen wir zwar gut zurecht, aber es ist eben doch eine andere Sprache. Man denkt also, man sei auf Augenhöhe, ist es aber in Tat und Wahrheit nicht. Und die Schweizer sind schon ein recht zurückhaltendes Volk.

Welches Klischee stimmt?
Schweizer sprechen tatsächlich ungern über Geld. Unser Duktus ist sicherlich zurückhaltender und vorsichtiger. Schweizer werden im Ausland sehr geliebt und gelten als süß, sympathisch, nett – und sind gleichzeitig sehr bissig, weil sie es als Degradierung empfinden. Ich glaube nicht, dass wir bissig auf unser Image reagieren. Wir reagieren höchstens mit nationalem Augenrollen, wenn Thomas Gottschalk versucht, „Grüezi" zu sagen.

Christian Jott Jenny, Rolf Sachs,
Graf und Gräfin Rehbinder (v. l.)

GESCHICHTE & *Geschichten*

91 DAS RÜTLI Seelisberg / 92 HELVETIA Verschiedene Standorte / 93 FONDAZIO-
NE SASSO SAN GOTTARDO Gotthardpass / 94 SCHWEIZER FINANZMUSEUM
Zürich / 95 NAPOLEUMMUSEUM THURGAU Salenstein / 96 INTERNATIONALES
UHRENMUSEUM La Chaux-de-Fonds / 97 LANDSGEMEINDE APPENZELL
INNERRHODEN Appenzell / 98 FREILICHTMUSEUM BALLENBERG Hofstetten
99 SCHWINGSPORT Verschiedene Standorte / 100 BUNDESHAUS Bern

Die Uferpromenade von ASCONA
am Lago Maggiore wirkt, als sei
man schon in Italien. Cafés, Bars
und Restaurants laden zum Verwei-
len ein. Im Museum für moderne
Kunst hängen Gemälde von Paul
Klee und Alexej von Jawlensky. Lust
auf Shopping? In Borgo, der Altstadt, gibt es hübsche Boutiquen

100
INSIDER-
TIPPS

Schaffhausen
Basel
Winterthur
St. Gallen
Aargau
Zürich
Solothurn
Zug
Luzern
Bern
Freiburg
Chur
Waadt
Lausanne
Graubünden
Bern
St. Moritz
Genf
Tessin
Sitten
Wallis
Verbier
Locarno
Zermatt
Lugano

SORTIERT NACH
GROSSREGIONEN

GENFERSEE-REGION & WALLIS

 Schweiz

ESPACE MITTELLAND

 ## EINFACH GUT ESSEN

7 RESTAURANT LE CHALET DE GRUYÈRES (S. 23)
Rue du Bourg 53, 1663 Gruyères

 ## HOTELS

14 GRIMSEL HOSPIZ (S. 35)
Am Grimselpass, 3864 Guttannen

16 HOTEL LANDGASTHOF KEMMERIBODEN-BAD (S. 37)
6197 Schangnau

17 HÔTEL PALAFITTE (S. 36/37)
Route des Gouttes-d'Or 2, 2008 Neuchâtel

 ## NATUR

21 JUNGFRAUJOCH (S. 48)
3801 Fiesch

24 CREUX DU VAN (S. 50)
2103 Noiraigue

28 NAPFBERGLAND (S. 54)
Emmentaler Alpen

 ## STERNE-RESTAURANTS

38 RESTAURANT SONNE SCHEUNENBERG (S. 68)
3251 Wengi bei Büren

PROMI-WATCHING

46 HOTEL GSTAAD PALACE (S. 79)
Palacestraße 28, 3780 Gstaad

 ## SPAS, SPORT & WELLNESS

54 ALP TURNELS (S. 91)
3780 Gstaad

56 SCHILTHORN (S. 92)
Piz Gloria, 3825 Mürren

 ## SHOPPING

61 ART OF SCENT – SWISS PERFUMES (S. 104)
Rathausgasse 49, 3011 Bern

69 TEO JAKOB (S. 111)
Gerechtigkeitsgasse 25, 3000 Bern

 ## BARS & CLUBS

75 ATELIER CLASSIC BAR (S. 120)
Rathausplatz 3, 3600 Thun

KUNST & KULTUR

81 LAUBENGÄNGE IN DER ALTSTADT, ZENTRUM PAUL KLEE (S. 132)
Monument im Fruchtland 3, 3006 Bern

160 | **BUNTE** Top100 Schweiz

ORTE & GESCHICHTEN

**96 INTERNATIONALES
UHRENMUSEUM** (S. 149)
Rue des Musées 29,
2300 La Chaux-de-Fonds

**98 FREILICHTMUSEUM
BALLENBERG** (S. 152)
Museumsstraße 100, 3858 Hofstetten

**100 BUNDESHAUS – PARLAMENTS-
GEBÄUDE IN DER HAUPTSTADT** (S. 153)
Bundesplatz 3, 3005 Bern

NORDWEST-
SCHWEIZ & ZÜRICH

EINFACH GUT ESSEN

1 ZEUGHAUSKELLER (S. 20)
Bahnhofstraße 28 a, 8001 Zürich

**4 RESTAURANT BOCUCI –
BOTTEGA & CUCINA** (S. 21)
Leonhardstraße 1, 8001 Zürich

Wie ein Kristall liegt die große MONTE-ROSA-HÜTTE auf 2883 Metern in der kargen Landschaft in den Walliser Alpen

HOTELS

11 THE DOLDER GRAND (S. 34)
Kurhausstraße 65, 8032 Zürich

STERNE-
RESTAURANTS

33 HAUS HILTL (S. 63)
Sihlstraße 28, 8001 Zürich

40 RESTAURANT STUCKI (S. 69)
Bruderholzallee 42, 4059 Basel

PROMI-WATCHING

41 KRONENHALLE (S. 76)
Rämistraße 4, 8001 Zürich

43 CHARLES AELLEN COMPANY (S. 77)
Tödistraße 1, 8002 Zürich

48 BAR LES TROIS ROIS (S. 82)
Blumenrain 8, 4001 Basel

50 ART BASEL (S. 83)
Messeplatz 10, 4058 Basel

SHOPPING

**63 MAISON MOLLERUS
FLAGSHIP STORE** (S. 105)
Seestraße 74, 8703 Erlenbach

**64 VICTORINOX
FLAGSHIP STORE ZÜRICH** (S. 106)
Rennweg 58, 8001 Zürich

65 VIVIAN GRAF (S. 106)
Nüschelerstraße 1 (Nähe Paradeplatz),
8001 Zürich

67 OMEGA BOUTIQUE (S. 107)
The Circle 33 – Flughafen CH, 8085 Zürich

68 HIERONYMUS (S. 110)
Bärengasse 10, 8001 Zürich

A story of success.
Yours to be continued.

Rolex Submariner
Reference 1680
First bought in 1974

BUCHERER
Certified Pre-Owned

69 TEO JAKOB (S. 111)
Limmatstraße 266, 8005 Zürich, und
Mühle Tiefenbrunnen, Seefeldstraße 231,
8008 Zürich

70 BUCHERER BOUTIQUE (S. 111)
Bahnhofstraße 50, 8001 Zürich

 ## BARS & CLUBS

71 HINZ & KUNZ BAR (S. 118)
Steinentorberg 20, 4051 Basel

72 BAR AM WASSER (S. 118)
Stadthausquai 1, 8001 Zürich

77 CLOUDS BAR (S. 124)
Prime Tower, Maagplatz 5, 8005 Zürich

 ## KUNST & KULTUR

83 LANDESMUSEUM ZÜRICH (S. 133)
Museumsstraße 2, 8001 Zürich

88 KUNSTMUSEUM BASEL (S. 138)
St. Alban-Graben 16, 4051 Basel

90 GOETHEANUM (S. 139)
Rüttiweg 45, 4143 Dornach

 ## ORTE & GESCHICHTEN

94 SCHWEIZER FINANZMUSEUM (S. 147)
Pfingstweidstraße 110, 5005 Zürich

OSTSCHWEIZ

 ## EINFACH GUT ESSEN

6 RESTAURANT ADLER (S. 22)
Krüzgasse 2, 7306 Fläsch

 ## HOTELS

15 BERGHOTEL SCHATZALP (S. 36)
Promenade 63, 7270 Davos

19 BUBBLE HOTEL (S. 40)
Mehrere Standorte im Bodenseeraum

20 HOTEL WALTHER (S. 41)
Via Maistra 215, 7504 Pontresina

 ## NATUR

26 RHEINFALL (S. 51)
8212 Neuhausen am Rheinfall

**29 SCHWEIZERISCHER
NATIONALPARK** (S. 55)
Urtatsch 2, 7530 Zernez

 ## STERNE-RESTAURANTS

**34 EINSTEIN GOURMET –
EINSTEIN ST. GALLEN** (S. 64)
Berneggstraße 2, 9000 St. Gallen

35 TAVERNE ZUM SCHÄFLI (S. 64)
Oberdorfstraße 8, 8556 Wigoltingen

36 SCHLOSS SCHAUENSTEIN (S. 65)
Schlossgass 77, 7414 Fürstenau

 ## PROMI-WATCHING

**47 WHITE TURF
POLO TURNIER** (S. 78/79)
Rennverein St. Moritz, Via Serlas 23,
7500 St. Moritz

 ## SPAS, SPORT & WELLNESS

52 DAVOS KLOSTERS (S. 90)
Tourismus- und Sportzentrum,
Talstraße 41, 7270 Davos

58 BAD RAGAZ (S. 96)
Heidiland Tourismus AG, Infostelle
Bad Ragaz, Am Platz 1, 7310 Bad Ragaz

**60 7132 THERME VALS –
7132 HOTEL VALS** (S. 97)
7132 Vals

 ## SHOPPING

66 KÜNZLI FABRIK-LADEN (S. 107)
Hauserstraße 47, 5210 Windisch

69 TEO JAKOB (S. 111)
Wülflingerstraße 14, 8400 Winterthur

 ## BARS & CLUBS

**80 DEVIL'S PLACE –
HOTEL WALDHAUS AM SEE** (S. 125)
Via Dim Lej 6, 7500 St. Moritz

 ## KUNST & KULTUR

86 SCHLOSS TARASP (S. 135)
Sparsels 148, 7553 Tarasp

 ## ORTE & GESCHICHTEN

**95 NAPOLEONMUSEUM
THURGAU** (S. 148)
Arenenberg, 8268 Salenstein

**97 LANDSGEMEINDE
APPENZELL INNERRHODEN** (S. 149)
Landsgemeindeplatz, 9050 Appenzell

ZENTRALSCHWEIZ

 ## EINFACH GUT ESSEN

2 KARLS KRAUT (S. 20)
St. Karliquai 7, 6004 Luzern

8 RÖSSLI HÜ (S. 23)
Luzernerstraße 7, 6037 Root

 ## HOTELS

18 HOTEL VILLA HONEGG (S. 40)
6373 Ennetbürgen

Das Kirchengebäude SAN
GIOVANNI BATTISTA im
Tessiner Bergdorf Mogno
wurde von Star-Architekt
Mario Botta gebaut

 ## NATUR

27 PILATUS (S. 54)
Emmentaler Alpen

 ## STERNE-
RESTAURANTS

**32 RESTAURANT SENS –
HOTEL VITZNAUERHOF** (S. 63)
Seestraße 18, 6354 Vitznau

39 GASTHOF RÖSSLI (S. 68)
Hauptstraße 111,
6182 Escholzmatt-Marbach

 ## PROMI WATCHING

44 THE CHEDI ANDERMATT (S. 77)
Gotthardstraße 4, 6490 Andermatt

**49 BÜRGENSTOCK RESORT
LAKE LUCERNE** (S. 82)
6363 Obbürgen

 ## SHOPPING

62 CALIDA OUTLET (S. 105)
Bahnstraße 40, 6208 Oberkirch

 ## BARS & CLUBS

**78 MONTANA BEACH CLUB –
ART DECO HOTEL MONTANA** (S. 124)
Adligenswilerstraße 22, 6002 Luzern

 ## KUNST & KULTUR

**82 KULTUR- UND KONGRESSZENTRUM
LUZERN – KKL** (S. 133)
Europaplatz 1, 6005 Luzern

 ## ORTE & GESCHICHTEN

91 DAS RÜTLI (S. 146)
6441 Seelisberg

92 HELVETIA (S. 146)

**93 FONDAZIONE
SASSO SAN GOTTARDO** (S. 147)
Passhöhe, 6781 Gotthardpass

**99 EIDGENÖSSISCHER
SCHWINGERVERBAND** (S. 152)

TESSIN

 ## EINFACH GUT ESSEN

9 GROTTO AL RITROVO (S. 26)
Via Val Resa 110, 6645 Brione sopra Minusio

10 RISTORANTE DA ENZO (S. 27)
Ponte Brolla, 6652 Tegna

 ## HOTELS

13 HOTEL VILLA EMDEN (S. 35)
6614 Brissago

 ## NATUR

25 MONTE PILLONE (S. 50)
6663 Onsernone

 ## SPAS, SPORT &
WELLNESS

**51 TERMALI SALINI & SPA
LOCARNO** (S. 90)
Via Gioacchino Respini 7, 6600 Locarno

57 GOLDEN-EYE-BUNGEE-JUMP (S. 93)
Diga di Verzasca, Via Valle Verzasca,
6596 Gordola

 ## BARS & CLUBS

**73 EDEN BAR –
HOTEL EDEN ROC** (S. 119)
Via Albarelle 16, 6612 Ascona

 ## KUNST & KULTUR

**85 LUGANO ARTE E CULTURA –
LAC** (S. 134)
Piazza Bernardino Luini 6, 6900 Lugano

**89 MONTE VERITÁ –
MUSEO CASA ANATTA** (S. 138)
Strada Collina 84, 6612 Ascona

 ## ORTE & GESCHICHTEN

**93 FONDAZIONE
SASSO SAN GOTTARDO** (S. 147)
Passhöhe, 6781 Gotthardpass

SCHWEIZ
Infos

Am Genfer See
zwischen Montreux
und Villeneuve liegt
Veytaux mit dem
SCHLOSS CHILLON.
Die mittelalterliche
Wasserburg ist das
meistbesuchte histori-
sche Denkmal der
Schweiz

PRAKTISCHES
UND NÜTZLICHES

ANREISE

Mit dem Auto:
Drei Autobahnen führen von Deutschland in die Schweiz:
• die **A5** (von Karlsruhe kommend) über Weil am Rhein nach Basel
• die **A861** bei Rheinfelden (am Hochrhein) nach Rheinfelden (Schweiz)
• die **A81** (von Stuttgart kommend) über die B34 von Gottmadingen nach Thayngen

Mit der Bahn:
Zahlreiche deutsche Städte wie Berlin, Hamburg oder Frankfurt sind mit insgesamt über 40 täglichen Verbindungen direkt an Schweizer Städte wie Basel, Zürich, Bern, Luzern, Chur, Thun und Interlaken angebunden.
bahn.de/schweiz
sbb.ch

Mit dem Flugzeug:
Aus aller Welt landen Maschinen in der Schweiz. Hier die Liste der Flughäfen.
Zürich: *flughafen-zuerich.ch*
Genf: *gva.ch*
Bern-Belp: *bernairport.ch*
Basel-Mülhausen: *euroairport.com*
Lugano: *luganoairport.ch*
Sion: *sionaeroport.ch*
St. Moritz: *engadin-airport.ch*
St. Gallen-Altenrhein: *peoples.ch*

VERKEHRSMITTEL

Bahnfahrten
In der Schweiz perfekt: Über 3200 Kilometer lang ist das Streckennetz der Schweizerischen Bundesbahnen (SBB), täglich sind über 10 700 Züge unterwegs. Alle zwölf Minuten rollen die Schweizer Eisenbahnen nahezu schadstofffrei durch 671 Tunnel und über 6000 Eisenbahnbrücken.

Swiss Travel Pass
Sehr bequem reist man in der Schweiz mit diesem Pass. Die Tickets für drei, vier, acht oder 15 Tage können in der gesamten Schweiz für Bahn, Bus und Schifffahrt genutzt werden. Außerdem sind der Eintritt in mehr als 500 Museen und die Nutzung öffentlicher Verkehrsmittel in 90 Städten inklusive.
swisstravelsystem.com

Helikopterflüge
helikopterflug.ch
jetaviation.com
alpinlift.ch
jungfrauregion.ch

Tipp: Laden Sie für Ihre Routenplanung die PostAuto-App aufs Handy. Sie kombiniert mehrere öffentliche Verkehrsmittel der ganzen Schweiz. Praktisch: Sehr viele Postautos sind mit Wi-Fi ausgestattet.

SCHWEIZ IM INTERNET

Tourismus-Information
Alles, was Sie über die Schweiz wissen wollen, finden Sie hier:
myswitzerland.com

Insider-Tipps
„Die Schweiz-Experten" zeigen auf Twitter, wie Sie das Land erkunden können – von der Apfelblütenwanderung am Bodensee bis zu tollen Zermatt-Foto-Spots.

Wandertouren
wandern.ch
wanderplaner.ch
schweizmobil.ch

WI-FI

Teure Roaming- und Wi-Fi-Kosten kann man in der Schweiz umgehen. Free Wi-Fi gibt es in 80 Bahnhöfen der SBB, viele Postbusse sind damit ausgestattet. Ebenso Bars, Restaurants und Hotels.

Wi-Fi gegen eine stündliche, tägliche oder monatliche Gebühr (Public Wireless LAN) gibt es an über 1700 Hotspots. Führende Anbieter: Swisscom (swisscom.ch) und Monzoon (_monzoon.net_)

Unlimitiertes Surfen (4G / LTE) ist möglich mit dem mietbaren, portablen „Travelers Wifi Hotspot", der von fünf Geräten benutzt werden kann: _travelerswifi.com_

MARKEN-ERLEBNISSE

Lindt Home of Chocolate:
lindt-home-of-chocolate.com

Omega Museum Biel: _omegawatches.com_

Swiss Knife Valley VISITOR CENTER der Victorinox-Taschenmesser:
swissknifevalley.ch

GROSSE KAUFHÄUSER

Sie glänzen nicht nur mit einem riesigen Repertoire. Viele von ihnen beherbergen außerdem ein Restaurant oder Bistro mit Selbstbedienung zu moderaten Preisen.
Manor AG: _manor.ch_
Globus AG: _globus.ch_
Jelmoli: _jelmoli.ch_
Migros: _migros.ch_
Coop City: _coop.ch_
Loeb AG: _loeb.ch_

FEIERTAGE

Ostern, Weihnachten, Neujahr sowie der Nationalfeiertag am 1. August gelten in der gesamten Schweiz. Außerdem gibt es in jedem Kanton noch weitere unterschiedliche Feiertage wie St. Agatha, Braderie oder den Gallustag. Wann in welchem Kanton ein extra Feiertag ist, finden Sie hier:
feiertagskalender.ch

BIKE-SHARING

Publibike: _publibike.ch_
Velospot: _velospot.ch_
Carvelo2go: _carvelo2go.ch_

CAR-SHARING

Mobility: _mobility.ch_
Ubeequo: _ubeeqo.ch_
E-Drive: _edrivecarsharing.ch_

WICHTIGE TELEFONNUMMERN

Notrufe: 117
Polizeinotruf: 118
Feuerwehr: 144
Ambulanz: 1414
Schweizerische Rettungswacht: 112
Allgemeine Auskünfte: 1811
Auskunft wie Ärzte oder Theater: 140
Pannendienst: 162
Wetterauskunft: 163
Strassenzustand: 187

Für allgemeine Auskünfte von Deutschland oder Österreich aus muss die Vorwahl 0041 848 800 gewählt werden und dann zum Beispiel die 1811 oder 162. Adressen und Telefonnummern online abfragen: _local.ch_

BASEL, die wichtige Stadt am Dreiländereck Schweiz, Deutschland und Frankreich, lässt sich wunderbar zu Fuß entdecken. Der Rhein fließt mittendurch

BRÄUCHE, FESTIVALS & EVENTS

Brauchtum & Sport
Schwingen (die Schweizer Form des Ringens), Hornussen (Mannschaftssport mit einer Kunststoffscheibe) oder Fahnenschwingen sind bei Großveranstaltungen Publikumsmagnete. Bis zu 350 000 Zuschauer verfolgen zum Beispiel beim Eidgenössischen Schwinger- und Älplerfest (ESAF) die traditionellen Wettkämpfe der heimischen Helden mit Spannung. Den Siegern der über 250 Teilnehmer winkt ein Preisgeld von umgerechnet 950 000 Euro, der Schwingerkönig erhält einen Stier („Muni") im Wert von rund 29 000 Euro. Das EASF findet alle drei Jahre statt. 2022 wird Pratteln in Baselland der Austragungsort sein.
basel.com/de/esaf

Filmfeste
Im Tessin, in Locarno, findet das wohl wichtigste Filmfest der Schweiz statt. Es ist einzigartig: Auf der Piazza Grande in der Ortsmitte entsteht jedes Jahr im August ein gigantisches Open-Air-Kino. 7000 Zuschauer sehen nach Einbruch der Dunkelheit je-

den Abend zwei Filme auf der größten Leinwand Europas. Magisch.
locarnofestival.ch

Locarno ist das A-Festival der Schweiz. Seit 2005 gibt es auch das Filmfest Zürich. Da es mit einem guten Finanzpolster ausgestattet ist, lockt es immer mehr Hollywoodstars auf den roten Teppich.
zff.com

Open-Air-Festivals
Die ganze Schweiz ist wie eine riesige Bühne, wenn man alle Festivals zusammennimmt. Ob Techno, Rock oder Indie – für jede Musikrichtung gibt es etwas. Seit 1977 schon betört das Open Air St. Gallen vor den Toren der Stadt und gibt den Ton an in der europäischen Festival Szene.
openairsg.ch

Das Montreux Jazz Festival ist eines der bekanntesten und wichtigsten Musikfestivals der Schweiz. Im Laufe der Jahre standen hier unzählige Legenden wie Miles Davis, Freddie Mercury und Carlos Santana auf der Bühne. Ihnen zu Ehren wurden am Genfersee sogar Statuen errichtet.
montreuxjazzfestival.com

ABBILDUNGSNACHWEIS

COVER:
David Carlier für Kando Events [M]

ILLUSTRATIONEN:
Samy Löwe

AUFMACHER TOP 100 HOTSPOTS:
Siehe Bildangaben „Weitere Bilder"

WEITERE BILDER:
Seite 6: Shutterstock // Seite 10/11: Mauritius Images // Seite 12: ddp Images // Seite 20: Beni Basler // Manuel Felber // Seite 21: dpa Picture-Alliance // Seite 22: Roland Korner / Close Up AG // Seite 23: ddp// Sara Furrer // Seite 26: AS Syndication/Ullstein // Seite 27: Klaus Lorke// Seite 34: hiepler-brunier // Pascal Gertschen // Seite 35: David Birri // Seite 37: Sabina Kunz // Seite 40: Timo Schwach // Sylvia Michel // Seite 41: Breuel Bild // Seite 44/45: ddp Images // Seite 48: Huber Images // Seite 49: ddp Images// imago // Seite 50: Interfoto // Getty Images // Seite 52/53: Huber Images // Seite 54: ddp Images // Mauritius Images // Luzern Tourismus // Seite 55: ddp Images // laif // Huber Images // Seite 56: Herbert Zimmermann/13photo // Seite 62: Fred Merz | lundi13 // Marcel Gillieron // Seite 63: Aladin Klieber/Hiltl // Seite 64: Steve Hadorn // seasons agency // Seite 65: Anthony Demierre // Seite 66/67: Klaus Lorke No Limit Fotodesign // Seite 68: Klaus Lorke No Limit Fotodesign // laif // Seite 69: Tanja und Simon Kurt/digitalemassarbeit.ch // dpa Picture-Alliance // People Picture // Seite 72/73: ddp Images // action press // Getty Images // babirad picture // Brauer Photos // Seite 76: Mauritius Images, dpa Picture-Alliance // Seite 78: Mauritius Images // action press // A1Pix // Seite 79: dpa Picture-Alliance // ddp Images // Seite 80/81: Brauer Photos // Seite 83: dpa Picture-Alliance // Scott/Rudd/Art Basel // Getty Images // Seite 84: Getty Images // Shutterstock // Seite 90: Fabian Weber // Imago Images // Mauritius Images // Seite 91: Mateusz Bocian // Switzerland Tourism/Giglio Pasqua // Seite 92: Huber Images // Seite 93:

laif // Seite 96: Imago Images // Seite 97: laif // Seite 98: Gregor Hohenberg // laif // Seite 100/101: Sandra Kennel // Seite 104: Pino Corvino // Seite 107: dana press // Seite 110: Getty Images // Seite 112: picture alliance/ap // Seite 118: Steve Kohl Photography // Seite 119: Urs Homberger/Arosa Switzerland // bastianbaker/Instagram // Seite 126: action press // Brauer Photos // Seite 128/129: laif // VG Bildkunst // Seite 132: Visum // Mauritius Images // Imago Images // Seite 133: Huber Images // akg Images / VG Bild-Kunst, Bonn 2021 // laif // Seite 134: laif // akg Images// dpa picture alliance // Seite 135: Interfoto // dpa picture-Alliance // Seite 136/137: Julian Salinas / VG Bild-Kunst, Bonn 2021 // Seite 138: Julian Salinas // dpa Picture-Alliance // Seite 139: akg

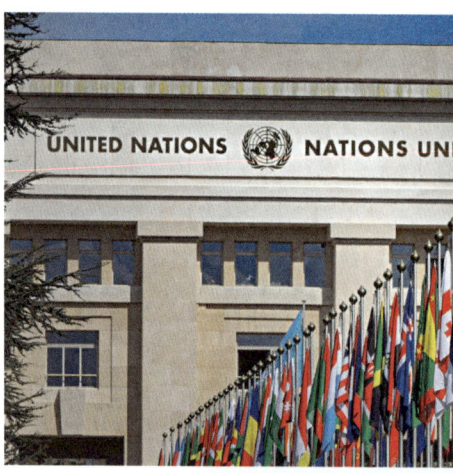

Lieblich ist das Seitental VAL ROSEG in Graubünden. Es ist autofrei und unberührt

Images // ddp Images // Seite 142/143: Getty
Images // Seite 146: laif // Interfoto // Seite 147:
Getty Images // Seite 148: dpa Picture-Alliance
// akg Images // Seite 149: AS Syndication/
Ullstein // dpa Picture-Alliance // Marc Hutter/
Appenzeller // Seite 150/151: Imago Images //
Seite 152: Huber Images // 13Photo // Seite
153: Shutterstock // A-Way! // Seite 154:
fotoSwiss.com/Cattaneo // Brauer Photos //
Seite 156/157: Shutterstock // Seite 160/161:
imago // Seite 162: Shutterstock // Seite 164:
ddp Images // Seite 166: Shutterstock // Seite
169: Shutterstock // Seite 171: Shutterstock //
Seite 174/175: Shutterstock //

PALAIS DES
NATION, der
europäische
Hauptsitz der Ver-
einten Nationen,
in Genf. Die Flag-
gen stehen hier
am Haupteingang

IMPRESSUM

CHEFREDAKTION BUNTE:
Robert Pölzer (Chefredakteur)
Petra Pfaller (Chefredaktion)

TEXTCHEFS BUNTE:
Rolf Hauschild, Georg Thanscheidt

REDAKTION:
Désirée Rohrer (Ltg.), Barbara Maria Fischer,
Lilli Echt, Oliver Fritz, Tanja May, Deborah Neufeldt,
Katrin Sachse, Daniela Schwarzer, Georg Seitz,
Christiane Soyke, Stef Staufer (externe Autorin),
Sabrina Ußmüller

CHEF VOM DIENST:
Thomas Spitznagel, Gabriele Wider

ART DIRECTION & GRAFIK:
Henrietta Lienke-Wiglinghaus

KARTOGRAPHIE:
Uli Pitule

PHOTO EDITOR:
Ulrike Kamleitner-v. Keussler, Alexandra Romero,
Mirja Schütz

SCHLUSSREDAKTION:
Kristina Poehls

PUBLISHING MANAGER:
Thomas Kittel

REPRO:
Michael Di Bari, Michael Schätzl, Mirko Vezmar,
RETUSH Creative Retouching

DRUCK:
Firmengruppe APPL, aprinta druck, Wemding

BRAND DIRECTOR:
Andrea Laub

PROJEKTLEITUNG:
Lea Sophia Wilke

FINANCE:
Tobias Dietlmeier

GESCHÄFTSFÜHRERIN::
Manuela Kampp-Wirtz

DATENSCHUTZANFRAGE:
Tel. 0781/639 61 00, Fax 0781/639 61 01,
E-Mail: bunte@datenschutzanfrage.de
Für alle 0 18 06-Nummern gilt: 20 Cent/Anruf aus
dem deutschen Festnetz; mobil max. 60 Cent/Anruf
Burda Style GmbH, Arabellastraße 23
81925 München, Tel. 089/92 50-23 10,
E-Mail: bunte@burda.com

Verlag: BUNTE Entertainment Verlag GmbH

MEINE
NOTIZEN

Atemberaubend sind die Abfahrten
im Wallis zum Gletscher GRAND
DÉSERT. Der Blick reicht vom
Matterhorn über seinen Nachbarn
Dent d'Herens bis zu den 4000ern
Castor und Pollux im Hintergrund

UNSERE STARS IN DER
SCHWEIZ

Die **TOP 10** Kategorien

1 EINFACH GUT ESSEN
GROTTO AL RITROVO, Brione sopra Minusio

2 SCHÖNER SCHLAFEN
BUBBLE HOTEL, mehrere Standorte im Bodenseeraum

3 DRAUSSEN
PILATUS, Emmentaler Alpen

4 STERNE-RESTAURANTS
RESTAURANT SENS – VITZNAUER HOF, Vitznau

5 PROMI-WATCHING
ART BASEL, Basel

6 SPAS, SPORT & WELLNESS
BAD RAGAZ, Bad Ragaz

7 SWISS SHOPPING
BUCHERER BOUTIQUE, Zürich

8 BARS & CLUBS
**MONTANA BEACH CLUB –
ART DECO HOTEL MONTANA,** Luzern

9 KUNST & KULTUR,
KUNSTMUSEUM BASEL, Basel

10 GESCHICHTE & GESCHICHTEN
**BUNDESHAUS – PARLAMENTSGEBÄUDE
IN DER HAUPTSTADT,** Bern